LES DISCOURS
DU
DOCTEUR O'GRADY

T0370624

ANDRÉ MAUROIS

LES DISCOURS
DU
DOCTEUR O'GRADY

EDITED BY

E. G. LE GRAND
Officier d'Académie
BRADFIELD COLLEGE, BERKS.

CAMBRIDGE
AT THE UNIVERSITY PRESS
1926

CAMBRIDGE
UNIVERSITY PRESS

University Printing House, Cambridge CB2 8BS, United Kingdom

Cambridge University Press is part of the University of Cambridge.

It furthers the University's mission by disseminating knowledge in the pursuit of
education, learning and research at the highest international levels of excellence.

www.cambridge.org
Information on this title: www.cambridge.org/9781107486836

First published 1926
First paperback edition 2015

A catalogue record for this publication is available from the British Library

ISBN 978-1-107-48683-6 Paperback

PRÉFACE

C'EST une étrange impression pour un écrivain que de relire après quelques années un livre qu'il publia, jadis. Il observe avec curiosité cette âme lointaine. "Étais-je vraiment ainsi? Ai-je entendu ces choses?" Déjà il semble que cette guerre, ce mess, ces amis rudes et charmants ne soient plus que les lambeaux d'un rêve. La vie est faite de l'étoffe des songes.

Pourtant, de temps à autre, une rencontre, une lettre nous prouve encore que ces souvenirs sont vrais. Le colonel Bramble? J'irai, vers le mois d'août sans doute, passer un week-end dans sa maison du Wiltshire. Le lieutenant Dundas? Hier il vint sonner à ma porte. Il avait traversé le Détroit pour jouer le match de rugby Paris-Londres. Nous avons essayé de parler de nos campagnes, mais nous les avons bien oubliées; la conversation fut languissante. Le Docteur O'Grady? Il m'a écrit l'an dernier pour me dire qu'il a découvert ce livre et qu'il s'est reconnu.

C'est en vain qu'on cherche à retenir ces liens fragiles que tissa la guerre. Les compagnons naturels d'un homme sont ceux qui travaillent et vivent avec lui. Les sentiments s'espacent et meurent comme les ondes que soulève une pierre. Ce qui ne meurt pas, c'est le souvenir d'une estime, d'une confiance qui furent grandes, c'est l'image de visages amicaux liée au nom d'un grand peuple.

ANDRÉ MAUROIS

CONTENTS

INTRODUCTION

M. ANDRÉ MAUROIS

LORSQU'après la guerre de 1870–71 l'Alsace devint province allemande, de nombreuses familles aimèrent mieux rentrer en France que de rester sous le joug étranger. Un industriel de Strasbourg quitta sa ville natale, et amenant avec lui tout le personnel de son usine, il vint s'installer en Normandie et rendit à la France une industrie prospère. Au service que cette famille avait rendu au pays, elle devait en ajouter un autre, quatorze ans plus tard, en donnant à la France M. André Maurois.

C'est donc en Normandie, et en 1885 qu'il est né. De brillantes études et de fréquents voyages en Angleterre le familiarisèrent avec la langue de ce pays, et lorsqu'en 1914 la guerre éclata, ses connaissances le désignèrent tout de suite pour servir d'interprète entre les troupes françaises et anglaises. Il fut attaché à la 9e division écossaise. À la bataille de Loos, M. Maurois reçut le D.C.M., et c'est à ce moment qu'il écrivit *Les Silences du Colonel Bramble*. Ce livre fut immédiatement proclamé l'une des études les plus subtiles et les plus vivantes de la guerre. Le succès qu'il obtint en France et en Angleterre fut tel, les requêtes adressées à l'auteur furent si nombreuses, si impérieuses, que, la guerre finie, M. Maurois rendit la vie à ses amis écossais dans *Les Discours du Dr O'Grady*. Ce fut une joie nouvelle pour de nombreux lecteurs.

Puis, parurent successivement *Ni Ange, ni Bête*, les *Dialogues sur le Commandement, Ariel*, qui fut acclamé partout et surtout en Angleterre comme l'une des œuvres les plus poétiques du temps. L'analyste, le philosophe de *Bramble* se révélait poète. Enfin *Meïpe* vient de paraître.

M. Maurois est jeune, la génération actuelle a besoin d'idéal et c'est vers des talents comme le sien qu'elle lève les yeux. M. Maurois se doit à son époque; il nous réserve encore, nous l'espérons, nous en sommes certains, de brillantes surprises.

LES DISCOURS DU DR O'GRADY

Ceux d'entre vous qui connaissent l'œuvre de M. Maurois, retrouveront avec plaisir les vieux amis des *Silences du Colonel Bramble*. Pas tous, hélas! car l'impitoyable dieu de la guerre a pris ses victimes dans ce petit cercle resté paisible au milieu des affres de la catastrophe. Le vénéré Padre n'est plus....

Mais les autres sont là, tout aussi vivants, tout aussi spirituels. Quatre années de guerre, et quelle guerre! n'ont pas vieilli ces éternellement jeunes. Et nous les retrouverons à l'Armistice, c'est à dire en 1918 tels qu'ils étaient en 1914–15. Seulement, le colonel est devenu général, le major Parker est maintenant colonel. Le laconisme persistant du Général Bramble est resté tout aussi profond que la loquacité du Dr O'Grady. L'interprète Aurelle est toujours là pour donner la réplique et susciter les discussions. Nous n'aurons plus les interminables parties d'échec, ni les réussites du Padre, mais notre perte sera compensée par les claquements du fouet favori et les cris joyeux de chasse à courre de l'éphèbe rose.

Et partout, et toujours, cette belle jeunesse, non pas seulement la jeunesse des jeunes, mais surtout celle de ceux plus âgés sur lesquels n'ont eu de prises ni les années, ni les événements, et qui sous les attaques répétées, dans les tranchées les plus exposées au bombardement, discourent et agissent comme s'ils étaient toujours sur leurs champs de jeux ou dans leurs salles de "debating societies" d'Eton ou d'Oxford.

E. G. Le G.

August, 1926

Les Discours du Docteur O'Grady

Are we not made, as notes of music are,
For one another though dissimilar?

I

COLONISATION

Le docteur O'Grady et l'interprète Aurelle ayant réussi, non sans peine, à se faire donner une chambre par la vieille Mme de Vauclère, le colonel Parker, qui leur rendit visite, admira fort le château et son parc.

Il dit que la France et l'Angleterre étaient les deux seuls pays où l'on pût trouver de beaux jardins, démontra que les gazons, comme les institutions et les hommes, n'apprennent qu'avec le temps à tenir leur place comme il convient, et demanda enfin, avec une grâce timide, s'il pourrait, lui aussi, venir vivre à Vauclère.

— Ce sera difficile, colonel. Le château est petit, la vieille dame redoute les invasions, et elle a le droit, étant veuve, de refuser de vous loger.

— Aurelle, mon ami, vous avez une langue dorée; vous allez arranger cela.

En effet, après de longues plaintes, Mme de Vauclère céda: ses fils étaient soldats et elle résistait mal aux arguments sentimentaux.

Le lendemain, dans sa cuisine, l'ordonnance de Parker vint rejoindre celui du docteur et tous deux annexèrent les fourneaux. Ils détachèrent, pour installer leurs propres ustensiles, de comiques petites choses françaises, supprimèrent ce qu'ils ne comprenaient pas, firent bouillir le thé, et, tout en sifflant des hymnes religieux, remplirent les armoires de cirages aux nuances savamment dégradées.

Après les avoir adorés le premier jour, supportés le second, maudits le troisième, la vieille servante éplorée vint décrire à Aurelle le sort injuste de ses cuivres; elle trouva l'interprète aux prises avec des difficultés plus graves.

Le colonel Parker, s'avisant soudain qu'il était incommode pour le général de vivre loin de son état-major, avait décidé de transporter tout le Q. G. au château de Vauclère.

— Expliquez à la vieille *lady* qu'il me faut une très bonne chambre pour le général, et le billard pour nos secrétaires.

— Mais c'est impossible, *sir*, elle n'a plus de bonne chambre.

— Et la sienne? dit le colonel Parker.

Mme de Vauclère, navrée, mais vaincue par le mot "général" qu'Aurelle répétait soixante fois par minute, abandonna en pleurant son lit à baldaquin et ses fauteuils de damas rouge et se réfugia au deuxième étage.

Cependant des secrétaires flegmatiques entassaient dans le salon aux tapisseries anciennes les caisses innombrables qui contenaient en trois exemplaires l'histoire de la Division, de ses hommes, de ses chevaux, de ses armes et de ses vertus.

Le caporal cartographe installa sa planche à dessin sur deux fauteuils; dans un boudoir en Aubusson, le service des Renseignements abrita ses secrets. Les téléphonistes survinrent, de cette allure digne, lente et goguenarde, qui est celle de l'ouvrier britannique. Pour accrocher leurs fils dans le parc, ils coupèrent les branches des chênes et des tilleuls. Ils percèrent des trous dans les vieilles murailles, et, comme ils voulaient coucher près de leur travail, ils installèrent des tentes sur les pelouses.

L'état-major réclama ses chevaux : on les mit au piquet dans les allées, les écuries étant insuffisantes. Dans le jardin, le génie fit creuser un abri contre un bombardement possible. Le ballon de football des ordonnances s'adjugea les vitres d'un pavillon. Le parc prit des allures de terrain vague, puis de champ de manœuvres, et les nouveaux arrivants dirent : "Ces jardins français sont mal soignés."

Or ce travail de destruction méthodique se poursuivait depuis huit jours environ quand l'*Intelligence*[1] entra en action. L'Intelligence Britannique était représentée à la division par le capitaine Forbes, qui incarnait dans un corps grossier cette puissance spirituelle considérable.

Forbes, n'ayant jamais fait arrêter d'espion réel, voyait partout des espions possibles, et, comme il aimait la société des Grands, prenait chaque fois prétexte de ses soupçons pour entrer chez le général ou chez le colonel Parker. Ce jour-là il s'enferma pendant une heure avec le colonel, qui, aussitôt après son départ, fit appeler Aurelle.

— Savez-vous, lui dit-il, qu'il se passe ici des choses tout à fait dangereuses ? On rencontre partout dans ce château deux vieilles femmes. Que diable y font-elles ?

[1] Service des Renseignements.

— Comment? dit Aurelle, suffoqué. Mais, colonel, elles sont chez elles: c'est Mme de Vauclère et sa servante.

— Eh bien! Vous allez leur dire de ma part de déguerpir au plus vite. On ne peut tolérer la présence de civils dans un état-major. L'*Intelligence* se plaint et elle a raison.

— Mais où voulez-vous qu'elles aillent, sir?

— Cela ne me regarde pas.

Aurelle, indigné, fit demi-tour, sortit, et rencontrant le docteur O'Grady dans le parc, lui demanda conseil.

— Elle avait le droit, docteur, de refuser de nous loger, et notre poste d'ailleurs serait plutôt à Nieppe. On lui demande une faveur, elle l'accorde et on prend prétexte de sa bienveillance pour l'expulser!... Je ne peux pas la "refouler sur l'arrière," comme dit ce Forbes: elle en mourrait.

— Je croyais, dit le docteur, qu'après cinq ans, vous connaissiez mieux les cœurs britanniques. Allez tout de suite dire au colonel, avec politesse et fermeté, que vous refusez d'exécuter ses ordres. Puis peignez-lui de la façon la plus tragique et la plus grandiose la situation de Mme de Vauclère. Dites-lui que sa famille habite le château depuis deux mille ans, qu'un de ses ancêtres accompagnait Guillaume le Conquérant, et que son grand-père était un ami de la reine Victoria. Alors le colonel vous fera des excuses et mettra toute une aile à la disposition de votre protégée.

Les prescriptions du docteur O'Grady, exactement appliquées par Aurelle, produisirent le meilleur résultat.

— Vous avez raison, dit le colonel, ce damné Forbes

est un idiot. La vieille *lady* peut rester, et, si quelqu'un l'ennuie, qu'elle s'adresse à moi.

— Ce sont surtout les ordonnances qui la fatiguent, *sir*, dit Aurelle. Elle souffre de voir sa maison ainsi bouleversée.

— Bouleversée? fit le colonel stupéfait. La maison est mieux tenue que de son temps. Comment? J'ai fait analyser l'eau des citernes, planter des pois de senteur et rouler le tennis! De quoi se plaint-elle?

Dans le potager bien dessiné où des poiriers musclés s'allongeaient au ras des carrés de salade, Aurelle rejoignit O'Grady.

— Docteur, vous êtes un grand homme et ma vieille dame est sauvée. Mais il paraît qu'elle doit remercier le ciel de l'avoir placée sous le protectorat britannique qui lui assure, en échange de sa liberté, un tennis sans défauts et de l'eau sans microbes.

— Il n'est rien, dit le docteur gravement, que le gouvernement anglais ne soit prêt à faire pour le bien-être des indigènes.

II

HISTOIRE DES VARIATIONS

— Au temps où j'étais attaché à une ambulance, dit
le docteur, nous avions avec nous au mess trois padres.

— C'est beaucoup, dit le Révérend Jeffries.

— C'était beaucoup, approuva le docteur, mais l'un
d'eux au moins n'était pas gênant. Le padre catholique,
homme robuste, parlait très peu, mangeait énormé-
ment et écoutait avec un mépris infini les discussions
de ses confrères.

Je ne veux pas vous chagriner, Padre, mais le
catholicisme est la seule religion. La raison d'être
d'une foi, c'est d'apporter une certitude. À quoi sert
un *credo* que l'on peut discuter, un dogme aussi
changeant qu'une philosophie ? Moi qui suis condamné
par profession à étudier des êtres dont l'équilibre moral
est instable, j'affirme que l'Église Romaine a compris la
nature humaine. Comme psychologue et comme méde-
cin, j'admire l'intransigeance des conciles. À tant de
faiblesse et de sottise, il faut le ferme appui d'une
autorité sans tolérance. La valeur curative d'une doctrine n'est pas dans sa vérité logique, mais dans sa
permanence.

— Il est certain, dit le colonel Parker, qu'il fallait au
moins les directions rigides du catholicisme pour empêcher les Irlandais de devenir fous, mais ne jugez pas

l'espèce d'après vous-même, O'Grady : les Saxons ont le cerveau solide et protestant.

— *Well*, continua le docteur, nos deux autres padres passaient leurs soirées à s'entre-dévorer. L'un était anglican, l'autre presbytérien, et ils appliquaient, pour se faire concurrence, les méthodes commerciales les plus modernes. L'Église d'Angleterre avait trouvé une vieille voiture de forains qu'elle avait installée à Dickebusch et où elle vendait du chocolat aux Jacks ; sur quoi l'Église d'Écosse avait installé à Kruystraete un télescope pour leur montrer les étoiles. Si l'une faisait le trust des cigares, l'autre accaparait les cigarettes. Si l'une faisait venir une lanterne magique, l'autre commandait un cinéma. Mais le danger permanent pour la paix du mess était la question des Baptistes.

Comme il n'y avait pas avec nous de padre baptiste, les infortunés soldats de cette secte (ils étaient sept à la division) ne pouvaient assister à aucun office. L'étonnant est qu'ils ne semblaient pas se rendre compte de l'étendue de leur malheur.

Nos deux padres étaient d'accord sur un point : c'est qu'on ne pouvait laisser ces hommes privés des consolations de la religion, dans la zone dangereuse où nous vivions alors. Mais l'Église d'Angleterre et l'Église d'Écosse prétendaient toutes deux avoir des droits à annexer cette petite congrégation neutre.

"— Excusez-moi, disait l'Église d'Écosse, le baptiste ne pratique, il est vrai, l'immersion du baptême qu'au moment où le croyant adulte confirme sa foi, mais sur tous les autres points il se rattache au presbytérianisme. Son Église sans évêques est démocratique comme la nôtre.

"— Pardon, disait l'Église d'Angleterre, le baptiste, en exigeant le retour aux formes primitives des sacrements, se montre le plus conservateur de tous les chrétiens anglais. Or, il est admis par tout le monde, et même par vous, que l'Église d'Angleterre est la plus conservatrice des Églises réformées. D'ailleurs..."

Cela continuait ainsi pendant des heures, et ce débat futile m'agaçait d'autant plus que j'avais fini par connaître, aussi bien que les deux parties, les arguments en présence.

Or, un jour, je fus envoyé au poste avancé de l'ambulance qui se trouvait dans Maple Copse, ce petit bois en avant d'Ypres...

— Endroit malsain, dit le général.

— Si malsain, *sir*, que pendant mon séjour un *Whizz Bang* vint tomber sur notre abri et mit mon sergent en petits morceaux qui restèrent accrochés aux branches des arbres. C'était regrettable, parce qu'il était le meilleur avant du *team* de football de la brigade. Je réunis dans une serviette ce que j'en pus trouver, j'annonçai l'enterrement pour le lendemain, et, comme c'était jour de relève, je redescendis à l'ambulance.

Mon retour fut animé. En sortant de cette belle tranchée qui s'appelait Zillebeke Road, j'eus la sottise de vouloir traverser le terrain découvert jusqu'au remblai du chemin de fer. Un mitrailleur trouva spirituel de me repérer de la colline 60...

— Ça va bien, docteur, dit le général Bramble : nous connaissons...

— Enfin, à la sortie d'Ypres, ayant rencontré une Ford, je pus me faire ramener au camp. Je trouvai dans le mess, l'Église d'Angleterre et l'Église d'Écosse qui se disputaient, comme à leur habitude, en attendant le dîner, tandis que l'Église romaine lisait son bréviaire dans un coin.

"— Satan, d'où viens-tu? me dit l'un d'eux.

"— *Well*, *gentlemen*, réjouissez-vous de me revoir, car je viens en effet des Enfers."

Et je leur racontai mes aventures avec une mise en scène de canonnades, d'explosions, de balles sifflantes et de muraille de plomb, digne de nos meilleurs correspondants de guerre.

"— *You old humbug!* grommela le colonel.

— À propos, dis-je en terminant, j'ai du travail pour l'un de vous : mon sergent Freshwater a été volatilisé, et ce que j'ai pu en recueillir sera enterré demain matin. Je vous donnerai l'itinéraire...porte de Messine... Zillebeke."

Je vis le menton des deux padres s'abaisser rapidement.

"— Mais, dirent-ils en même temps, quelle religion?

"— Baptiste, répondis-je avec insouciance et légèreté... Une cigarette, Padre?"

Les deux camarades ennemis regardaient le plafond avec une attention surprenante; l'Église romaine avait le nez dans son bréviaire et tendait les oreilles.

"— *Well*, dit enfin l'Église d'Angleterre, j'irais volontiers à Zillebeke, j'ai été dans de plus mauvais endroits, mais pour enterrer un homme de ma propre Église; pour un baptiste, il me semble, O'Grady...

"— Pardon, intervint l'Église d'Écosse, le baptisme est la plus conservatrice des formes du christianisme anglais, et l'Église anglicane se pique elle-même...

"— Sans doute, sans doute, dit l'autre, mais l'Église baptiste n'est-elle pas démocratique comme l'Église presbytérienne?..."

Cela aurait pu durer jusqu'à l'enterrement du pauvre Freshwater, si l'Église romaine n'avait interrompu soudain d'une voix douce, et sans lever le nez de son petit livre:

"— Si vous voulez, je puis y aller?..."

La haine du papisme est le commencement de l'union, et ils y allèrent tous les deux.

— J'en suis heureux, dit le padre, pour le repos de l'âme du pauvre homme.

— Pour cela, dit le docteur, les Allemands s'étaient chargés de l'assurer, et le pauvre homme ne se composait plus que de quelques kilos d'albumine.

— Que diable en savez-vous, docteur? grommela le colonel Parker. Vous voulez à toute force que notre intelligence soit un produit chimique? J'ai la faiblesse de croire, moi, que la chimie est un produit de mon intelligence.

— Pourquoi, dit Aurelle, notre existence ne se partagerait-elle pas en trois états: le sommeil, la vie, forme secondaire de sommeil; et un troisième dont nous n'avons aucune idée et dans lequel nous nous réveillerons au sortir de ce songe absurde? Quand on rêve, on ne sait pas qu'on rêve; si cette vie est un cauchemar, nous ne le saurons qu'après sa fin. Alors peut-être, nous retrouvant dans un monde familier, comprendrons-nous soudain que cette guerre, ces folies, nos souffrances ont été les fantômes terribles et vains d'une courte nuit de la vie véritable.

— *My God!* soupira le jeune lieutenant Dundas, aide

de camp du général Bramble, *My God!* que vous êtes ennuyeux!

— Il est certain, dit le Révérend Jeffries, que ces discussions théologiques n'intéressent personne.

— Voulez-vous me permettre, colonel, reprit le docteur, d'aller chercher un fusil et d'ajouter quelques grammes de plomb à cette matière grise que vous méprisez si fort. C'est une petite expérience, après laquelle vous n'insisterez plus, je crois, sur la théorie de l'âme immatérielle.

— Pourquoi? dit le colonel. Vous prouverez simplement que l'âme se sert du corps pour parler et agir. Qui dit le contraire? Si vous coupez le téléphone, l'État-Major cessera de répondre: vous en concluez sans doute, que l'État-Major n'est rien de plus qu'un téléphone?

Le docteur avala d'un trait un mélange de *stout* et de rhum:

— Connaissez-vous, dit-il, cette petite fable de Rupert Brooke:

> Dans la tiédeur des eaux profondes...

— Des vers, docteur? cria Dundas avec un effroi sincère.

— Si vous le permettez, dit le docteur.

— *My God!* soupira Dundas atterré. Il regarda le Général pour implorer son appui, mais le docteur avait déjà recommencé:

> Dans la tiédeur des eaux profondes, vers midi,
> Les poissons, rassasiés de mouches printanières,
> Flânent, en remuant dans leurs cerveaux hardis,
>   La philosophie poissonnière,

"— Nous avons, disent-ils, nos étangs et nos fleuves
    Mais n'est-il plus rien au delà?
Ce monde est bien cruel: sans doute est-ce une épreuve
    Que le Grand Poisson décréta;
Et quelque jour, du sein de la nature humide,
    Surgira le souverain Bien,
Car tout esprit sensé voit que tant de liquide
    Ne fut pas créé, sans dessein.
    Comme l'a dit un saumon grec:
    L'avenir ne peut être sec.
Quelque part, en dehors de l'espace et du temps,
Est une eau plus aqueuse, un étang plus étang,
Et là nage Celui qui nageait dans l'eau claire
    Avant la première rivière.
    Sous sa nageoire protectrice
Le plus petit poisson trouve un abri propice.
    Là, dans des ruisseaux cristallins
    Dont les fonds de vase céleste
    Ne cachent nul piège funeste,
    Errent des insectes divins,
    Des chenilles, des demoiselles,
    De grasses mouches éternelles
    Et des papillons infinis..."
Et les poissons aux tendances spéculatives
Rêvent confusément que dans ce paradis
    Les fleuves n'auront plus de rives.

— O'Grady, dit le général Bramble, y a-t-il vraiment
du saumon en Grèce?

III

AMOURS DE L'ENFANT DUNDAS

— Aurelle! soupira l'Enfant Dundas, aide de camp
joufflu du général Bramble... Aurelle! Parlez-moi!
Je m'ennuie!

— Dundas, pour l'amour de Dieu, laissez-moi finir
ma lettre.

Épuisé de silence, l'Enfant Dundas attaqua un rag-
time sur la machine à écrire du sergent-major, jongla
avec le code secret, poussa des cris de chasse à courre,
puis, quand il vit l'interprète arrivé au degré de fureur
souhaité:

— Réellement, dit-il, c'est une chose malsaine de
rester sous une tente tout un jour. Venez vous promener avec moi, Aurelle. Je sortirai le cheval du
Général, et nous irons voir Germaine.

Germaine, fille charmante, vendait dans la grand'rue
d'Abbeville du chocolat, des romans jaunes, des lampes
électriques et des classiques Garnier. Dundas, que les
femmes n'intéressaient pas, feignait pour celle-là une
passion discrète: l'idée de la France était liée pour lui
à celle d'aventures amoureuses, et il croyait décent d'y
retrouver une amie, comme de chasser en Irlande ou de
faire du toboggan à Saint-Moritz.

Mais Dundas, ce géant au teint rose, champion de
boxe et cinq fois blessé, était timide, tendre et naïf.

— *Good morning*, disait-il en rougissant.

— *Good morning*, répondait Germaine, qui ajoutait à mi-voix: "Dites-lui qu'il m'achète quelque chose."

Mais Aurelle essayait en vain de trouver là des livres pour l'Enfant que les romans français ennuyaient: seuls trouvaient grâce à ses yeux Alexandre Dumas et Alphonse Daudet. Dundas achetait sa dix-septième lampe électrique, jouait quelques minutes devant la porte avec Dick, le chien noir de Germaine, puis, en disant au revoir à celle-ci, lui serrait longuement la main et partait heureux d'avoir rempli ses devoirs.

— Il est gentil, votre ami, mais un peu timide, disait-elle.

Le dimanche, elle se promenait au bord de la rivière avec une mère énorme et des sœurs ingrates, et Dundas gravement les escortait.

Le mess n'approuvait pas ces jeux rustiques.

— Je l'ai vu assis dans un champ de blé à côté d'elle, disait le colonel Parker, et son cheval était attaché à un arbre: j'appelle cela dégoûtant.

— C'est une honte, dit le padre.

— Je vais lui parler, dit le général: c'est une disgrâce pour ce mess.

Aurelle essaya de défendre son ami.

— Il est possible, lui dit le docteur, qu'en France le plaisir soit un droit, mais en Angleterre, c'est un crime. Vos jeunes filles, si elles vous aperçoivent au théâtre en bonne fortune, vous en estiment davantage. Vous discutez volontiers ces choses, parce que vous y pensez légèrement, et nous autres Irlandais, nous vous ressemblons sur ce point. Nos grands écrivains, comme Bernard Shaw, écrivent mille paradoxes sur le mariage, parce que leurs pensées sont chastes. L'Anglais est plus pudibond, parce que ses désirs sont plus violents. On remarque, chez les plus austères d'entre eux, des crises de sadisme qui étonnent dans leurs âmes bien râtissées, comme surprendrait un fauve sur une pelouse de Hyde Park. Quand le général, ayant écouté au gramophone sa chère Mrs Finzi-Magrini, devient très rouge et dit sourdement: "*Oh! I'd like to bite her neck*," vous croyez qu'il plaisante? Vous vous trompez. Vous permettez à certains de vos journaux des images voluptueuses, parce que vous n'avez pas de tempérament. Les Anglais les interdisent parce qu'ils y pensent avec une sombre fureur.

— Qu'est-ce que vous racontez, Docteur? interrompit le général! Il me semble entendre des choses étranges.

— Nous parlons, *sir*, des mœurs amoureuses des Français.

— N'essayez pas, Général, dit le docteur, de convaincre Aurelle de votre vertu, il vit avec vous depuis quatre ans, il vous connaît. La vérité est qu'il y a autant de liaisons irrégulières en Angleterre qu'en France. La seule différence entre les deux pays, c'est qu'en France, c'est la femme qui fait la cour à l'homme, comme on le voit au soin qu'elle prend de se parer.

— Croyez-vous, Docteur? dit Aurelle. Vous ai-je jamais raconté mon premier séjour en Angleterre?

"Une annonce, dans le *Morning Post*, m'avait procuré deux cents lettres, dont cent-soixante-quatorze de clergymen.

"Je retins surtout une jeune dame de Richmond qui

disait s'ennuyer beaucoup, son mari étant à Londres toute la journée, et une Mrs Pigott qui vantait la beauté de ses trois filles dans un style étonnant et imagé. Comme Mrs Pigott habitait un faubourg de Londres, Hammersmith, ce fut chez elle que j'allai d'abord.

"Sa maison, petite, précédée de quatre pieds carrés de jardin, où deux buissons étouffaient, faisait partie d'une rangée de trente-deux maisons semblables, toutes précédées de quatre pieds carrés de jardin, où des buissons semblables étouffaient. L'intérieur m'étonna par un délabrement, en quelque sorte systématique, par l'absence presque totale de meubles, et par un nombre incroyable de photographies du roi Édouard VII.

"Mrs Pigott m'avait ouvert la porte elle-même et son aspect m'avait si fort étonné que j'eus quelque peine à m'expliquer: elle était drapée dans une étoffe semée de fleurs rouges et bleues qui provenait certainement d'un rideau. Son visage surmonté de trois cheveux noués en touffe, à la manière des cavaliers mongols, était percé d'une ouverture longue et verticale qui ne pouvait être qu'une bouche, mais se trouvait perpendiculaire au type normal de l'espèce.

"Elle m'apprit en cinq minutes qu'elle était veuve, que Mr Pigott avait été un homme tout à fait remarquable, qu'il avait enseigné l'équitation aux jeunes gens des familles les plus aristocratiques de Londres, mais qu'il venait, hélas! de succomber à sa fatale ressemblance avec le roi Édouard VII.

"De tous les coins de Londres, pour les banquets de corporations, pour les repas municipaux, on venait prier Mr Pigott de prendre la chaise d'honneur, où sa présence conférait aussitôt à la réunion la dignité d'une séance royale. De sa barbe, si exactement coupée comme celle du souverain, s'échappaient les phrases éloquentes et familières que lui inspirait le champagne.

"Mais ce charmeur ne put résister à la richesse trop constante de ses repas. Alors qu'il n'était encore que prince de Galles, il souffrait déjà du foie, la couronne l'avait mis au lit, la popularité l'avait achevé.

"— Je dois donc me résoudre, modula Mrs Pigott, "à prendre des hôtes payants. Je vous demanderai "trente et un shillings par semaine et mes filles vous "apprendront l'anglais."

"Et, courant à la porte, elle cria dans l'escalier, de sa voix de gramophone malade:

"— Grace! Iris! Violette!"

"Ah! Padre, si vous aviez vu Grace, Iris et Violette, vous-même seriez resté. Comment de cette amazone mongole et de ce prince de Galles bedonnant d'aussi jolies filles avaient-elles pu naître?... Leurs yeux...

— Ne décrivez pas, messiou, dit le général, c'est très malsain.

— Le lendemain, j'étais installé; ma chambre était sous les toits. Les repas étaient de simples devoirs mondains. À l'heure du dîner, Grace, Iris et Violette venaient s'asseoir autour de la table. Mrs Pigott hurlait dans l'escalier: 'Mister Aurelle, dinner!' et la conversation la plus joyeuse s'engageait autour de trois sardines que nous nous partagions.

"À la vérité, il n'y avait pas un penny dans la maison, mais Mrs Pigott avait confiance dans l'avenir, car elle avait écrit une tragédie dont elle portait le manuscrit dans un sac attaché à sa ceinture.

— Sir Herbert Tree la jouera. Voulez-vous que je

vous la lise? Cela s'appelle: *Trahi par une femme*. Le principal personnage est le Tsar. Le premier acte se passe au palais de Peterhof. Quand le rideau se lève, le Tsar est seul avec Mlle Pauline Dubois, institutrice française de ses enfants:

LE TSAR

Mademoiselle Dubois Pauline, je vous aime.

"— Pourquoi, disais-je, Mademoiselle Dubois Pau-
"line?

"— C'est, disait Mrs Pigott, l'usage en français de
"mettre le prénom après le nom de famille.

"Grace me demanda de l'accompagner sur la rivière.
Le *tube* nous mit au quai de Richmond, où des centaines de *skifs* et de *punts* se balançaient gaiement. Grace prit le gouvernail, je ramai. Comme nous passions près d'une île:

"— Il faut, me dit-elle, amarrer notre bateau près
"de ces arbres.

"Nous étions sous les branches basses d'un saule, bien abrités du soleil et doucement balancés par les remous de la rivière, qui montait. Grace ôta son chapeau et me sourit; nous parlions surtout par sourires, à cause de la difficulté du langage.

"— Nous serions mieux, me dit-elle, si vous veniez
"à côté de moi.

"Je vins m'asseoir à côté d'elle non sans émoi (car j'étais fort jeune) sur le siège canné du bateau. Il était étroit et je sentais...

— Messiou, dit le général, *no description*, *please*.

— Bien, *sir*.

"Grace me regarda de côté, sourit encore et dit:

"— Nous serions mieux, vous savez, si vous passiez "votre bras derrière moi."

Huit jours plus tard, elle m'avouait qu'elle avait craint à mon arrivée que je ne fusse Suisse ou Belge, et non vraiment Français.

"— Mais pourquoi, Grace?

"— Parce que vous n'aviez pas, le premier soir, "pressé mon genou sous la table, comme on m'avait "toujours appris que c'est l'usage chez les Français."

— Je le croyais aussi, messiou, dit le général.

Cependant Dundas continuait à descendre chaque jour à la ville pour y rencontrer son amie. Le bombardement était devenu terrible et les habitants quittaient le pays. Germaine restait calme. Une bombe était tombée sur la boutique voisine de la sienne, dont la façade crépie à la chaux avait elle-même été arrachée, mais le plâtre, en s'effritant, avait dévoilé une belle maison de bois qui cachait depuis des siècles, sous cet enduit misérable, la splendeur de ses poutres sculptées. Ainsi Germaine, dépouillée par le danger d'apparences un peu vulgaires, montrait soudain un cœur ferme et qu'elle était fille d'un peuple orgueilleux.

Dundas en avait pris pour elle une amitié vive et respectueuse. Mais il n'allait pas plus avant, quand un soir, l'alerte les ayant surpris au moment où il lui souhaitait le bonsoir, il fut, pendant quelques minutes, délivré des cérémonies par la présence voluptueuse de la mort.

Le lendemain, Germaine fit présent à l'Enfant d'un gros livre jaune: c'était la *Corinne* de Mme de Staël. L'éphèbe rose regarda avec inquiétude les caractères petits et serrés.

— Aurelle, supplia-t-il, vous allez être le bon garçon et me dire de quoi tout cela parle... *I am not going to read the damned thing*.

— C'est, lui dit Aurelle, l'histoire d'un jeune lord écossais qui veut, malgré sa famille, épouser une étrangère.

— *My God!* croyez-vous qu'elle espère que je l'épouse?... Mon cousin Lord Bamford a épousé une danseuse et il est très heureux: c'est lui qui est le gentleman, et c'est elle qui a le cerveau.

— Êtes-vous fou, Dundas? Épouser Germaine? Mais vous n'avez jamais regardé sa mère, *my poor child?*

— Chez les Zoulous, intervint le docteur, qui écoutait, une prohibition religieuse interdit au fiancé la vue de sa belle-mère. S'il voit sur le sable la trace de ses pas, il doit fuir. Rien de plus sage, car l'amour suppose une admiration absurde et sans réserves pour l'objet aimé, et la mère, présentant à l'amoureux l'image même de sa maîtresse, mais privée du charme et de la vivacité de la jeunesse, l'arrache à cette courte folie si favorable à la propagation de l'espèce.

— Il y a des mères charmantes, dit Aurelle.

— Autre danger, dit le docteur: car la mère partageant en quelque sorte la vie émotionnelle de sa fille, il est toujours à craindre qu'elle ne s'éprenne de son gendre.

— *My God!* hurla Dundas épouvanté.

Mais les avions allemands le rassurèrent le même soir en démolissant à moitié la ville. Sur la place voisine de la librairie, une bombe tomba sur la statue de Courbet; l'amiral continua à indiquer la gare de son doigt tendu, mais le libraire émigra. Germaine le suivit à regret.

Comme elle ne pouvait emmener son chien Dick, affreux bâtard de caniche et de barbet, Dundas en accepta gravement la garde. Il aimait les chiens avec une ardeur sentimentale qu'il refusait aux hommes. Leurs idées l'intéressaient, leur philosophie était la sienne, et il leur parlait pendant des heures entières dans un langage semblable à celui des nourrices.

Le général et le colonel Parker ne s'étonnèrent pas quand il présenta Dick au mess: ils l'avaient blâmé de s'attacher à une maîtresse, mais l'approuvaient d'adopter un chien.

Dick, voyou des rues abbevilloises, fut donc admis à la table polie du général: populaire et rude, il aboya quand le soldat Brommit parut avec un plat de viande.

— *Behave yourself, sir*, lui dit Dundas choqué: tenez-vous bien, monsieur, un chien bien élevé ne fait jamais, jamais cela... Jamais un chien n'aboie dans une maison, jamais, jamais...

Le fils de Germaine, froissé, disparut pendant trois jours. Les ordonnances le virent dans les campagnes avec des chiennes inconnues. Il revint enfin, l'oreille déchirée, l'œil en sang, débraillé, joyeux, cynique, et demanda la porte en aboyant joyeusement.

— Vous êtes un très mauvais chien, *sir*, lui dit Dundas, tout en le pansant avec adresse, un très méchant, très méchant petit chien.

Puis, se tournant vers le général:

— Je crains bien, *sir*, dit-il, que ce *fellow* Dick ne soit pas tout à fait un *gentleman*.

— C'est un chien français, dit le général Bramble avec indulgence et tristesse.

Le mouton qui ne respecte pas le troupeau sera mangé.
TROTTER.

IV

MYSTICISME

Les brouillards du soir voilèrent avec douceur le disque rouge du soleil couchant. Un étroit nuage y découpa, comme dans une estampe japonaise, une bande noire aux contours précis. Assis devant la tente, l'Enfant Dundas jongla avec le code chiffré. Debout à côté de lui, le docteur O'Grady admira la campagne picarde et commenta son *Daily Mail*.

— Le bolchévisme, dit-il, est un désastre économique, mais c'est un succès sentimental. Il est stupide de ne voir dans la rapidité de sa propagande que l'effort d'agents ennemis. Ce qui fait le danger d'un Lénine, ce n'est pas qu'il est un bandit à la solde de l'Allemagne, c'est qu'il n'est pas un bandit et qu'il n'est pas à la solde de l'Allemagne. La trahison n'est pas contagieuse, mais le martyre est épidémique. Le sacrifice de l'individu à une communauté est un vice agréable, comme la morphine ou le whisky. Il y a une ivresse d'altruisme qu'on peut étudier dans la Révolution française et dans l'Église primitive, et ces crises de fraternité répondent à un besoin aussi violent que la faim et la soif.

Il s'arrêta pour avaler la moitié de son grog, maudit le soldat Brommit qui l'avait fait trop léger, roula son journal en boule, le jeta à la tête d'Aurelle et continua.

— Ce n'est pas en vain, Messiou, que nos ancêtres ont fait partie de hordes humaines pendant quelques milliers d'années. Certains de mourir de faim, s'ils s'étaient privés de l'appui de leur meute, l'homme, le chien et le loup aimaient sa présence et respectaient ses lois. De là, ce communisme mystique, ce vague besoin d'affection et ce goût vif pour la société de leurs semblables, qui se manifestent parfois chez l'homme et chez le loup en dépit de leur commune méchanceté.

"Tous deux sont disciplinés parce que le salut commun l'exige, tous deux ont une obscure idée du devoir et du châtiment. Brommit me respecte quand je l'envoie au diable, mon chien vient me lécher la main quand je le gronde, et le loup a compris comme Mr Kipling, combien il est naturel et divertissant de mourir en soldat.

"La meute a fait de nous de bons citoyens. Nous avons une conscience, qui est l'instinct d'accomplir sottement, au profit de la horde, des actes dangereux pour l'individu. Nous avons des remords, sensation pénible d'avoir mérité le mépris de la horde, et nous écrivons des livres de morale pour dériver de principes éternels les coutumes adoptées par la majorité des loups. Ces vertus et le développement accidentel de notre boîte crânienne ont assuré notre triomphe sur d'autres espèces pourtant mieux douées."

Il alla se vider une carafe d'eau sur la tête, s'ébroua joyeusement et reprit:

— De ce triomphe même est venu le danger. Privés du mammouth, de l'auroch, de la famine et autres professeurs de courage civique, nous avons découvert le charme de l'égoïsme, et que l'on peut, en narguant la horde, se procurer des sensations plaisantes.

"Alors se sont développés des conflits mentaux dont

nous souffrons tous. Ce n'est pas impunément qu'on a été pendant des siècles un honnête loup. Du sein même des plaisirs surgit quelque chose d'amer : c'est le désir du sacrifice. Nous sommes tous assez intelligents pour comprendre qu'il serait plus agréable de danser à Londres que de souffrir ici. Mais les jeunes hommes qui sont à Londres se sentent honteux de leur bonheur. Nos bourgeois riches lisent H. G. Wells et rougissent de leur richesse. De jeunes millionnaires se font démagogues, et des célibataires conscients en arrivent à se marier pour fabriquer des enfants ingrats qui feront la force de la nation et le désespoir de leur père.

"Un animal qui, comme nous, a été grégaire pendant des siècles, ignore la splendide liberté d'esprit du tigre et du léopard. Son égoïsme et son odorat se sont atrophiés. Déformé par la vie en commun, il est devenu sentimental. Il ne sait plus remuer les oreilles, flairer une piste, exploiter les faibles.

"Si même le hasard des conditions humaines le fait vivre dans la solitude, la Loi l'y poursuit et l'enchaîne. Mon chien, bien qu'il dorme seul dans une niche, grogne encore sourdement à l'approche d'un étranger, pour avertir la meute abolie. Il reconnaît encore les chiens de sa race par un cérémonial religieux auquel la faiblesse de notre odorat nous force de suppléer par une courte conversation. Et dans le cœur de l'homme, le besoin de se serrer contre les autres bêtes humaines est toujours vivant. La puissance de l'instinct de la horde est telle que nous ne pouvons trouver le bonheur que dans une action collective. Chacun de nous déteste tous les autres, c'est entendu. Mais s'il les déteste comme individus, il ne peut se défendre d'un goût dépravé pour la sottise quand elle est l'œuvre du troupeau tout entier.

"Certes, le bolchévisme échouera parce qu'il néglige la faim et la soif, fondateurs et soutiens des vieilles sociétés. Tout système qui méprisera l'égoïsme périra. Mais aussi tout régime qui négligera le vieux fonds grégaire de l'espèce humaine sera secoué tous les deux mille ans par des crises mystiques et pénibles."

À ce moment, le jeune Dundas, abandonnant ses jongleries, intervint fort timidement:

— *My God!* dit-il, *My God!* vous aimez parler... Moi aussi, docteur, j'ai un jour, à Oxford, discuté avec un de ces hommes à chapeau melon et cravate toute faite, qui viennent, le samedi, discourir dans les squares. Je m'étais arrêté pour l'écouter en revenant du bain. Il invectivait l'aristocratie, l'Université, le monde en général... *Well*, au bout de quelques minutes, je suis entré dans le cercle et je lui ai dit: "Ôtez votre veste, mon ami, nous allons aller au fond de la question."

— Et vous l'avez convaincu, Dundas?

— Sans trop de difficulté, Messiou, parce que, réellement, je me servais mieux que lui de mon gauche.

I have no illusion left, but the Archbishop of Canterbury.
SIDNEY SMITH.

V

LA CONVERSION DU SOLDAT BROMMIT

L'ordonnance du colonel Parker venait, chaque matin, réveiller l'interprète Aurelle; c'était un vieux soldat trapu et roublard qui, tout en pliant les vêtements avec une adresse incomparable, expliquait au jeune Français les lois non écrites de l'armée.

— Vous savez, monsieur, disait-il, que le soldat britannique doit, en temps de paix, aller à l'église tous les dimanches. Quand vient l'heure du défilé, l'officier de jour commande: "Rassemblement par religions!" et les hommes de l'Église d'Angleterre, les presbytériens, les catholiques, sont conduits en armes aux services.

L'officier surveille un des détachements; dans les autres les plus ancien sous-officier de chaque religion prend la tête. Vous pouvez essayer tout ce que vous voulez: il n'y a pas moyen d'y couper.

Quand on a accepté le shilling du Roi, il faut naturellement supporter bien des choses, mais la *Church Parade* est la limite. Ne me prenez pas pour un païen, monsieur, je suis plus croyant que bien d'autres... J'aime assez chanter des hymnes, et quand le vieil homme parle bien, je ne déteste pas les sermons. Mais l'astiquage du dimanche matin me rendait fou. Vous nous avez toujours vu en kaki: vous ne connaissez pas notre tenue d'église... Ah! la damnée tenue! monsieur; c'était éblouissant de rouge et d'or, couvert de bluffleteries blanches, et l'inspection, avant le départ, n'est pas une simple formalité, je vous prie de le croire. Je me suis fait retenir quelques jours de paie, le dimanche matin... Bon soldat en campagne, monsieur, — d'ailleurs, vous m'avez vu à Loos — mais je n'aime pas la vie de caserne, les corvées et les nettoyages.

Depuis longtemps, je me disais: "Brommit, mon ami, vous êtes un âne stupide... Qu'un blanc-bec de deux ou trois ans de service ne trouve pas le moyen d'être dispensé de *Church Parade*, soit; mais un soldat de quinze ans doit connaître les trucs du métier... Si vous ne pouvez pas vous arranger pour rester au lit tranquillement le dimanche matin, vous n'êtes pas digne de vos chevrons."

Mais j'avais beau tourner et retourner la chose dans ma tête, je ne trouvais rien. Notre colonel était le vieux W. J. Reid, que nous appelions Slippery Bill, parce qu'il était glissant comme une planche savonnée. C'était un vieux singe qui s'y connaissait en grimaces.

Un jour, on m'appelle au bureau du sergent-major pour signer un papier quelconque, et je vois au mur une pancarte: Classement des hommes par religions. C'était un petit tableau bien propre: "Église d'Angleterre... tant; presbytériens... tant; catholiques... tant." Mais je me souciais fort peu des nombres. Ce qui me tirait l'œil, c'était une colonne: "Wesleyens... néant." Et tout d'un coup, je voyais le jeu.

Wesleyens... néant. Donc, pas de sous-officier wesleyen pour conduire à l'église des wesleyens éventuels. Il n'y avait même probablement pas de ministre wesleyen dans la petite ville irlandaise où nous étions casernés. Alors, c'était la pause au lit tous les dimanches matins. Au pis aller, si cette petite religion avait une église, on m'y enverrait tout seul. Mais un détachement composé d'un homme peut toujours utiliser le terrain. Wesleyen, c'était le tuyau.

Un seul scrupule me retenait: je ne savais ce que diable pouvait bien être cette religion de fantaisie. Sans être bigot, je suis bon chrétien et je n'aurais pas voulu me faire passer pour un idiot... De plus, ça devait être une affaire assez sérieuse dans l'armée, un changement de religion. J'aurais probablement à voir le vieux Bill lui-même, et Bill n'était pas de ces gens que l'on peut aller trouver avec un boniment à moitié cuit.

Impossible de me renseigner au régiment. C'était attirer l'attention sur moi au mauvais moment. Mais j'avais, en ville, une *girl* qui connaissait des gens très instruits et je la chargeai d'ouvrir une enquête.

Elle m'apporta des renseignements excellents. J'avais trouvé là une religion très convenable, tout à fait ce qu'il me fallait. Vous savez naturellement ce que c'était que Wesley, monsieur? Un *fellow* qui trouvait que les évêques et les chapelains de son temps n'observaient pas les règlements de l'Évangile. Il prêchait le retour à la pauvreté, à l'humilité, à la douceur envers le prochain! Vous comprenez si l'Église d'Angleterre en était malade... *Well*, en somme, c'est une honnête croyance et un brave homme comme moi pouvait y avoir été pris sans que cela parût trop invraisemblable.

Quand je me vis bien remonté et excité sur mon Wesley, je sentis qu'une petite entrevue avec Bill ne m'effrayait plus. J'allai trouver le sergent-major et lui dis que je voulais parler au colonel.

— Au sujet de quoi?

— Affaire personnelle, *sir*.

Il aurait bien voulu me tirer mon histoire à l'avance, mais je ne pouvais réussir qu'en attaquant Bill par surprise, et je gardai le secret sur mon offensive.

— Brommit, dit le vieux, assez aimable, vous avez une réclamation à faire?

"Pas de réclamation, monsieur, tout est correct. Mais j'ai demandé à vous parler parce que je voulais vous dire, monsieur, que je désire changer de religion."

Je vis que, pour une fois, j'avais épaté Bill.

— Changer de religion? dit-il. Qu'est-ce que c'est que cette histoire-là? Avez-vous jamais entendu cela, sergent-major? De quelle religion êtes-vous donc?

— Église d'Angleterre, monsieur, mais je voudrais, à l'avenir, être inscrit comme wesleyen.

— Mais qu'est-ce qui vous a fourré cette idée-là dans la tête, mon garçon? Est-ce que le Padre vous a offensé? ... Ou quoi?

— Oh! non, monsieur... pas du tout; au contraire, M. Morrisson a toujours été très aimable pour moi... Ce n'est pas cela, mais j'ai cessé de croire à l'Église d'Angleterre, voilà tout.

— Vous ne croyez plus?... À quoi ne croyez-vous plus? Qu'est-ce que vous y connaissez en matière de dogme?

— Oh! monsieur,... bien des choses... Par exemple, les évêques, je n'approuve pas leurs façons de vivre, monsieur.

— *By Jove*, sergent-major, vous entendez ce damné idiot? Il n'approuve pas la façon de vivre des évêques! Où avez-vous jamais observé les mœurs des évêques Brommit?

— Wesley était un homme splendide, monsieur...

Et je commence à lui débiter, sans le laisser parler, tout ce que la *girl* avait pu picorer; vous pensez si, au bout de cinq minutes, il en avait plein le dos. Il aurait bien voulu me museler, mais il ne le pouvait qu'en m'accordant ce que je lui demandais. J'étais irréprochable: j'avais des scrupules, je pensais trop. On ne peut pas punir un homme parce qu'il pense trop. Le vieux savait son métier aussi bien que moi le mien.

Il vit tout de suite qu'il n'avait qu'un chemin à suivre.

— Ça va bien, me dit-il. Après tout, cela vous regarde, mon garçon... Sergent-major, vous l'inscrirez comme wesleyen...

— Brommit, vous reviendrez à mon bureau vendredi soir... Je vais m'arranger avec le ministre wesleyen pour que vous puissiez suivre les offices... Vous savez naturellement où il demeure?

— Non, monsieur, je ne le connais pas.

— Étrange, étrange. Mais cela ne fait rien, je le trouverai; revenez vendredi, Brommit.

Sacré vieux Bill! Il avait du service. Le vendredi soir, quand je me présentai:

— Ah! pour vous, c'est arrangé, me dit-il. J'ai vu le ministre wesleyen, le Révérend Short... Charmant homme. Il est convenu avec lui que vous irez aux services le dimanche matin, à neuf heures, et le dimanche soir, à six heures... Oui, deux services par jour: religion très stricte, le wesleyanisme. Naturellement, si vous manquiez un service, le Révérend Short aurait l'obligeance de m'en prévenir et, de mon côté, je prendrais les mesures nécessaires. Mais je ne sais pas pourquoi je vous dis cela. Un homme qui prend la peine de changer de religion, à l'âge de trente ans, n'est pas près de manquer à l'église. Allez, ça va bien, mon garçon.

Slippery Bill, va!... Le dimanche suivant, j'allai à l'église du Révérend Short. C'était un grand type maigre, au visage méchant, qui nous fit un sermon terrible sur notre vie qu'il fallait réformer, sur toutes les choses auxquelles nous devions renoncer en ce monde et sur le terrible brasier qui nous attendait dans l'autre, si nous ne suivions pas ses conseils. Après le service, M. Short vint à moi et me pria de rester après les autres. Jusqu'à midi, monsieur, il me harangua sur les obligations que m'imposait ma nouvelle foi, sur mes lectures, sur mes fréquentations. Quand je sortis de là, j'étais comme hébété; et il fallait y retourner le soir.

Ce fut ainsi tous les dimanches. Je passais mes semaines à jurer, envoyant Short et Wesley à la plus chaude place du monde. J'essayai une fois de ne pas aller à l'église: le méchant chien me signala au colonel qui me priva de paie pour huit jours. Puis, cette congrégation de malheur inventa des conférences du vendredi soir et, avec l'autorisation du colonel, le soldat converti en fut le plus bel ornement.

Ma patience fut mise à bout, un mois après, quand Short se permit de me faire des reproches personnels sur cette *girl* que je fréquentais. Je devins furieux et décidé à tout, même à affronter à nouveau Bill, plutôt que de subir les discours de ce maniaque.

— Monsieur, dis-je au colonel, je suis fâché de vous ennuyer encore une fois avec ma religion, mais ce wesleyanisme ne me satisfait pas du tout. Ce n'est pas ce que j'avais espéré.

Je m'attendais à être "strafé" vigoureusement, mais pas du tout. Bill me regardait avec un bon sourire.

— *That's all right*, Brommit, dit-il, le gouvernement me paie pour m'inquiéter de la santé morale de mes hommes... Et puis-je savoir quelle religion établie a maintenant la faveur de votre adhésion?

— Eh bien! monsieur, je n'en vois aucune... Je me suis fait une espèce de religion à moi... si vous le permettez, naturellement.

— Moi! Mais cela ne me regarde pas, mon garçon. Au contraire, j'admire votre activité d'esprit. Vous avez vos croyances à vous, c'est très bien. Elles ne comportent pas l'obligation d'aller le dimanche dans un lieu de prières public... et voilà tout... Je traduis bien votre pensée, n'est-ce pas?

— Oui, monsieur, tout à fait bien.

— Cela tombe admirablement, Brommit. Voilà longtemps que je cherchais quelqu'un pour faire laver les escaliers à fond, le dimanche, pendant que les hommes sont à l'église... Sergent-major, vous inscrirez Brommit comme agnostique : de corvée permanente d'escalier, le dimanche matin.

"Des barques romaines, disais-je,
— Non, disais-tu, portugaises."
JEAN GIRAUDOUX.

VI

LA TOUR DE BABEL

Les notes grêles
Des flûtes frêles
Du printemps
En vain résonnent.
Le canon tonne,
Irritant,

Et je t'écris
Sous le ciel gris...

— Ce qu'il vous faudrait, *sir*, interrompit le soldat
Brommit, c'est un verre de lait brûlant au whisky, avec
beaucoup de cannelle râpée.

Aurelle, atteint de la grippe, était soigné à Estrées
par le Dr O'Grady qui lui prescrivait, sans jamais se
lasser, de la quinine ammoniacale.

— Mais, docteur, disait le jeune Français, cette
drogue est inconnue chez nous. Il semble étrange que
les médicaments aient une patrie.

— Pourquoi? dit le docteur. Beaucoup de maladies
sont nationales. Si un Français se baigne après son
repas, il est frappé de congestion et se noie. Un Anglais
n'a pas de congestion.

— Non, dit Aurelle; il se noie tout de même, mais
ses amis disent qu'il a eu la crampe, et l'honneur
britannique est sauf.

Le soldat Brommit frappa à la porte et introduisit le colonel Parker qui, s'asseyant près du lit, demanda comment il se trouvait maintenant.

— Il va beaucoup mieux, dit le docteur. Encore quelques doses de quinine...

— Je suis heureux d'entendre cela, dit le colonel, car je vais avoir besoin de vous, Aurelle. Le G. Q. G. m'envoie en mission pour quinze jours dans un de vos ports bretons: je dois y organiser le campement et l'instruction de la division portugaise. On me dit d'emmener un interprète. J'ai pensé à vous.

— Mais, dit Aurelle, je ne sais pas le portugais.

— Qu'est-ce que cela fait, dit le colonel, vous êtes interprète, n'est-ce pas? Qu'est-ce que vous voulez de plus?

Aurelle, le lendemain, chargea l'ordonnance de découvrir un Portugais dans la bourgade d'Estrées.

— Brommit est un homme admirable, avait dit le colonel Parker; il m'a trouvé du whisky au milieu du *bush* et de la bière buvable en France. Si je lui dis: "Ne revenez pas sans un Portugais," il en ramènera un, mort ou vif.

Il ramena, en effet, le soir même, un petit homme éloquent et nerveux.

— Le pourtouguez en quinze jours, cria celui-ci en agitant ses petites mains grasses... Une langue aussi riche, aussi flexible, en quinze jours... Ah! vous avez de la chance, jeune homme, d'avoir trouvé dans cette ville Juan Guarretos, de Portalègre, licencié de l'université de Coïmbre et philosophe positiviste... Le pourtouguez en quinze jours!... Savez-vous au moins le

bas-latin? le grec? l'hébreu? l'arabe? le chinois?... Si
non, inutile d'aller plus loin...

Aurelle avoua son ignorance.

— Cela ne fait rien, dit alors Juan Guarretos avec
indulgence, la forme de votre crâne m'inspire confiance:
pour dix francs par heure, je vous accepte. Seulement,
pas de bavardages: les Latins parlent toujours trop...
Plus un mot de français entre nous... *Faz favor d'fallar
portuguez*... Faites-moi la faveur de parler portugais...
Sachez d'abord qu'en pourtouguez, on ne parle qu'à la
troisième personne. Appelez votre interlocuteur: Excellence...

— Comment, interrompit Aurelle, mais je croyais
que vous veniez de faire une révolution démocratique.

— Justement, dit le philosophe positiviste, en tordant
ses petites mains, justement... En France, vous avez
fait la révolouçaoung pour que tout homme soit appelé
citoyen. Quel gaspillage d'énergie! En Pourtougal,
nous avons fait la révolouçaoung pour que tout homme
soit appelé Seigneurie. Au lieu de niveler au plus bas,
nous avons nivelé au plus haut. C'est mieux... Sous
l'ancien régime, les enfants des pauvres étaient des
rapachos et ceux de l'aristocratie des meninos: maintenant tous sont des meninos. Ça, c'est une révolouçaoung. *Faz favor d'fallar portuguez*... Les Latins
parlent toujours trop.

Après quelques leçons, Aurelle, un peu inquiet, dit
à son maître:

— Il me semble que mes progrès sont nuls.

— C'est, dit l'autre, parce que vous parlez trop, mais
je vais désormais vous traiter à forfait: je vous appren-

drai deux mille mots et vous me donnerez cinquante francs.

— Soit, dit Aurelle, deux mille mots font pour commencer un vocabulaire suffisant.

— Marché conclu, dit Juan Garretos. Eh! bien, écoutez-moi. Tous les mots qui, en français, se terminent par la syllabe "tion" sont les mêmes en pourtouguez avec la terminaison "çaoung"... Révolution... révolouçaoung... Constitution... constitouçaoung... Inquisition... inquisiçaoung... Or, il y a en français deux mille mots qui se terminent en "tion" ... Votre Excellence me doit cinquante francs... *Faz favor d'fallar portuguez.*

Quinze jours plus tard, le colonel Parker et Aurelle débarquaient sur le quai de la gare de B..., où les attendaient le commandant Baraquin, major de la garnison, et le capitaine Mattos, officier de liaison portugais.

Le commandant Baraquin était un très vieux soldat qui avait fait la campagne, mais celle de 70 ; les étrangers, même alliés, lui inspiraient une méfiance contre laquelle luttait en vain son respect pour ses chefs. Quand le ministre de la guerre lui ordonnait de mettre ses casernes à la disposition d'un colonel anglais, la discipline lui commandait d'obéir, mais des souvenirs hostiles lui inspiraient de farouches résistances.

— Que voulez-vous, *sir*, dit Aurelle à Parker, son grand-père était à Waterloo.

— Êtes-vous bien sûr, dit le colonel, qu'il n'y était pas lui-même?

Surtout, le commandant Baraquin n'admettait pas

que les armées des autres nations eussent des usages différents de la nôtre. Que le soldat anglais pût manger de la confiture et boire du thé, cela le remplissait d'une indignation généreuse.

— Le colonel, traduisait Aurelle, me charge de vous demander...

— Non... non... et non, répondait le commandant Baraquin, d'une voix tonitruante, sans en entendre plus long.

— Mais, mon commandant, il serait nécessaire pour les Portugais qui vont débarquer...

— Non... non... et non, vous dis-je, répétait le commandant Baraquin, résolu à ne pas connaître des exigences qu'il devinait subversives et puériles.

Ses dialogues avec Aurelle en restèrent toujours à cette formule qui donnait au jeune homme l'impression de chanter le duo de *Robert le Diable* avec le pharmacien Bézuquet.

Cependant, si le commandant Baraquin évoquait Alphonse Daudet, le capitaine portugais illustrait pour lui *Salammbô*. C'est ainsi qu'il imaginait Hamilcar et Matho. Mais ce visage carthaginois était intelligent et doux, et le capitaine, qui parlait français, fit à Aurelle mille amitiés.

— Vous n'imaginez pas, lui dit-il, à quel point nous aimons la France ; peut-être trop. Moi, je suis très conservateur et je regrette de voir Lisbonne ainsi traduit en Français, mais si nous prenons part à cette guerre, c'est certes pour vous et non pour les Anglais.

— Je vous croyais, dit Aurelle, les plus vieux alliés de l'Angleterre. Le colonel Parker m'a dit que votre traité remonte au XVIIe siècle et m'a expliqué qu'il a la goutte par la faute de Louis XIV. "Car, dit-il, si ce roi n'avait imposé un Bourbon sur le trône d'Espagne, les Portugais effrayés ne se seraient pas jetés dans les bras de l'Angleterre. Mes aïeux n'auraient pas bu une bouteille de porto par repas, et moi je n'aurais pas la goutte..." N'avez-vous pas un dicton: Guerre au monde et paix à l'Angleterre!

— Oui, je sais, dit le petit capitaine pensif:

> *Com tudo o mondo guerra*
> *Paz com a Ingelterra...*

mais cela n'est pas contradictoire. Le Portugal et l'Angleterre sont unis depuis sept siècles par un mariage de raison. Nous sommes, comme la Belgique, indispensables à la politique anglaise qui exige des points de débarquement en Europe. Le Portugal est un quai britannique en Espagne et en France; votre Napoléon s'en est bien aperçu. Nous avons eu besoin des Anglais, nous le reconnaissons, mais notre tempérament s'accorde mal avec le leur. Le climat du Portugal est comme celui de l'Irlande, humide et doux, pays de brouillards bleutés qui font aimer le rêve et haïr l'action.

Sur quoi, il récita à Aurelle de petits poèmes d'une tendre nostalgie:

> *A minha casa, a minha casinha;*
> *Nào a casa como a minha!*[1]

Cependant, le commandant Baraquin, qui souffrait d'une crise d'asthme, arpentait en soufflant le salon de l'hôtel. Se sentant ce soir-là malade et seul, il n'était

---

[1] Ma maison, ma maisonnette,
Point de maison comme la mienne!

pas injurieux et, en passant devant Aurelle, il s'appuya avec bienveillance à l'épaule du jeune homme.

— Alors, mon ami, lui dit-il, vous suivez partout cet Anglais? Mais, nom de Dieu! il ne sait donc pas le français, votre colonel?

— Pas un mot, mon commandant, dit Aurelle, au *garde à vous*.

— Et on le nomme colonel! C'est incroyable, ces choses-là! Et alors, vous faites partie de la Mission française. Qui est-ce qui commande ça?

Aurelle le lui dit.

— De V...! s'écria le commandant. Encore un qui était sous-lieutenant quand j'étais général... et moi je ne suis plus qu'une vieille bête à laquelle on va fendre l'oreille.

— Oui, mon commandant, dit Aurelle, poli.

Le commandant l'entraîna en soufflant lourdement vers la porte vitrée du salon de lecture, et, lui montrant une dame assise:

— Voyez-vous cette dame, mon ami? lui dit-il. Eh! bien, j'ai pour elle la plus vive admiration... Ce n'est pas parce qu'elle est juive, non... mais c'est parce qu'elle a cinquante ans et qu'elle en porte trente-cinq.

— Oui, mon commandant, dit Aurelle, toujours au *garde à vous*.

Et ce vieil homme, qu'on disait méchant, lui inspira de la pitié.

Le lendemain matin, de grands transports anglais déversèrent sur les quais des milliers de petits hommes aux cheveux noirs qui contemplaient ce sol étranger avec une tristesse infinie. Il neigeait, et la plupart d'entre eux voyaient la neige pour la première fois de leur vie. Grelottant dans leurs uniformes de coton bleu chiné, ils erraient dans la boue, rêvant sans doute au soleil de l'Alemtejo.

— Ils se battront bien, disait le capitaine Pereira, ils se battront bien... Wellington les appelait ses coqs de combat et Napoléon a dit que sa légion portugaise était la meilleure troupe du monde... mais, que voulez-vous, ils sont tristes...

Chacun d'eux avait apporté, enveloppé dans un mouchoir rose, son paquet de souvenirs: reliques de village, de famille ou d'amour, et quand on leur dit qu'ils ne pourraient emporter au front leur paquet rose, ce fut une terrible crise sentimentale.

Le commandant Baraquin, avec un *humour* incons-cient et macabre, les avait logés aux Abattoirs.

— *Vossa Excellenza*... protesta le capitaine Mattos.

— *It would be better*... commença le colonel Parker.

— Il vaudrait peut-être mieux, mon commandant... tenta de traduire Aurelle...

— Non... non... et non, dit le vieux guerrier furieux.

Les Portugais allèrent aux Abattoirs

"L'homme raisonnable s'adapte au milieu; l'homme déraisonnable essaie d'adapter le milieu. C'est pourquoi tous les progrès sont l'œuvre d'imbéciles." Shaw.

VII

LE RÉFORMATEUR

Le colonel Musgrave, de l'*Army Service Corps*, fut chargé d'organiser le ravitaillement en vivres de la division portugaise, et le lieutenant Barefoot, commandant une compagnie de travailleurs, lui fut adjoint pour cette mission.

— Ces hommes, expliqua-t-il au colonel Musgrave, sont tous des dockers de Southampton. En temps de paix, je suis leur patron et ce sergent Scott est leur contremaître.

"On me dit que ces *Labour Companies* ont souvent fait preuve de discipline médiocre. Rien de tel à craindre avec mes hommes: ils sont triés avec soin et me respectent comme un roi. Mon sergent Scott sait tout faire; ni lui, ni mes hommes ne boivent jamais... Quant à moi, je suis un véritable *business man* et je vais introduire dans cette armée des méthodes nouvelles et modernes."

Barefoot était un homme de cinquante ans; il avait une tête chauve en forme d'œuf. Venant de s'engager pour servir son roi et son pays, il débordait de bonne volonté.

Le lendemain matin, vingt hommes étaient ivres-morts, deux manquaient à l'appel et le sergent Scott

avait sur le nez une cicatrice sanglante qui devait pro-
venir d'une brusque rencontre avec le sol.

— Cela n'a pas d'importance, dit cet excellent sous-
officier : Barefoot est un âne et ne voit jamais rien.

Les premiers contingents portugais arrivèrent le
lendemain. Dans le port minuscule, des remorqueurs
anglais firent tourner avec une grâce facile les transports
immenses que les troupes massées sur le pont animaient
d'une vie grouillante. Le capitaine du port, l'ingénieur
des ponts et chaussées protestèrent contre ces miracles
contraires aux croyances de l'administration. Les quais
se couvrirent de camions, de voitures, de collines de
foin pressé, de sacs d'avoine, de boîtes de biscuits.

Le colonel Musgrave, qui devait recevoir ces rich-
esses, prit ses dispositions de combat.

— Demain vendredi, dit-il, rassemblement sur le
quai à sept heures. Je passerai moi-même une inspection
avant que l'on commence le travail.

Le vendredi matin, à sept heures, Barefoot, les
travailleurs, les camions étaient rangés sur le quai dans
un ordre excellent. Le colonel se leva à huit heures,
prit son bain et se rasa. Puis il mangea des œufs au
jambon, des tartines de confitures, et but deux tasses
de thé. Vers neuf heures, sa voiture l'amena sur les
quais. Quand il aperçut les hommes immobiles, les
officiers qui saluaient et les camions alignés, son visage
devint rouge brique et, se dressant dans son automobile,
d'une voix furieuse il les harangua :

— Quoi ! dit-il, vous êtes donc incapables de la plus
simple initiative ? Et si je suis absent une heure, retenu
par un travail plus important, il faut que tout s'arrête ?
Je vois que je ne puis compter ici que sur moi-même.

Le soir de ce jour, il réunit les officiers.

— Demain samedi, rassemblement à sept heures, et cette fois je serai là.

Le lendemain matin, par un vent du large qui leur fouettait au visage une pluie glaciale, Barefoot, les travailleurs, les camions étaient rangés sur le quai. À sept heures et demie, le lieutenant agit:

— Il faut, dit-il, commencer à travailler. Le colonel avait raison et a parlé en véritable *business man*. Par respect d'un formalisme étroit, nous avions sottement perdu notre matinée.

Ses hommes commencèrent donc à entasser les caisses, les camions à transporter les sacs d'avoine, de sorte que la besogne du jour se trouva assez avancée quand parut le colonel Musgrave, qui, ayant pris sa douche, s'étant rasé et ayant absorbé des œufs pochés sur toast, des tartines de marmelade et trois tasses de thé, n'avait pu être prêt avant dix heures. En découvrant cette agitation laborieuse, il bondit hors de sa voiture, et, d'une voix irritée, il parla à l'ardent Barefoot qui s'avançait avec un sourire modeste:

— Qui a eu l'audace, lui dit-il, de faire rompre les hommes avant mon arrivée? Suffit-il que je sois retenu ailleurs par une besogne plus importante pour qu'on méprise mes ordres? Je vois une fois de plus que je ne puis compter ici que sur moi-même.

Cependant Barefoot, la tête basse, méditait sur les voies de l'armée qui sont impénétrables. Musgrave, ayant inspecté le travail fait, jugea que tout était à refaire. Il fallait mettre les biscuits dans le hangar où on avait empilé les avoines, et les avoines en plein air à la place des biscuits; la viande devait permuter avec la confiture, et la moutarde avec le *bacon*. Les camions durent remporter ce qu'ils avaient apporté, si bien que l'heure du lunch arriva et trouva toutes choses dans le même état où l'aurore les avait trouvées. L'Amirauté annonça un bateau pour deux heures : les hommes, en débarquant, devaient trouver leurs rations prêtes. Musgrave décida avec courage que les travailleurs n'auraient pas de repos et se contenteraient de prendre, tout en coltinant, un léger repas sur le pouce.

Barefoot, qui s'était levé à six heures et qui avait grand'faim, s'approcha timidement du colonel :

— Puis-je, *sir*, dit-il, passer pendant une demi-heure le commandement à mon sergent qui sait tout faire aussi bien que moi, et courir jusqu'au café voisin pour y manger quelque chose de chaud ?

Musgrave le regarda avec un étonnement attristé :

— En vérité, dit-il, vous autres, jeunes gens, ne semblez pas comprendre que nous sommes en temps de guerre...

Sur quoi il remonta dans sa voiture et se fit conduire à l'hôtel.

Le colonel Parker, avant de rejoindre la division, rédigea suivant l'usage un rapport sur les opérations de B.-sur-Mer.

"J'attire votre attention, disait ce document, sur l'excellente organisation des services de ravitaillement. Trente mille hommes ont été pourvus de rations dans un port où n'existait pas de Base Britannique. Ce résultat est dû surtout aux qualités d'administrateur du Colonel A. C. Musgrave, C.M.G., D.S.O., (R.A.S.C.). Bien que cet officier ait été l'objet d'une promotion récente, je crois devoir le recommander...

— Et Barefoot, dit Aurelle, ne pourrait-on le faire nommer capitaine?

— Barefoot? C'est ce damné marchand dont Musgrave m'a parlé? L'homme qui voulait introduire ses méthodes dans l'Armée? C'est un danger public, *my boy*... Je puis, si vous le voulez, proposer le Commandant Baraquin pour un C.M.G.

— Baraquin? fit Aurelle à son tour. Mais il a toujours refusé tout ce que vous lui avez demandé.

— Oui, dit le colonel, il n'est pas commode; il ne comprend pas les choses; mais c'est un soldat dans chaque pouce de sa personne.

Le roi ordonnait le matin petit souper ou très petit souper; mais ce dernier était abondant et de trois services sans le fruit.   SAINT-SIMON.

VIII

UN GRAND CHEF

À la fin de son ambassade portugaise l'interprète Aurelle reçut de la Mission Française au G. Q. G. Britannique l'ordre de passer par Abbeville et de s'y mettre pour un jour à la disposition de M. Lucas.

Dans l'élégante sous-préfecture, Aurelle attendit M. Lucas, qui, vers le soir, arriva enfin, conduit par un chauffeur anglais, dans une admirable Rolls-Royce.

C'était un homme assez petit, assez gras, au visage rasé, vêtu d'un costume bleu bien coupé et coiffé d'une casquette marine. Les mains dans les poches, le discours bref, l'autorité du maintien, tout en lui disait l'homme habitué à commander.

— Vous êtes bien, demanda-t-il, l'interprète envoyé par le Grand Quartier? Avez-vous une lettre de service?

Aurelle dut avouer qu'il n'avait eu qu'un ordre donné par téléphone.

— C'est incroyable, dit M. Lucas: les précautions les plus nécessaires sont négligées. Vous a-t-on au moins dit qui je suis? Non?... Alors écoutez-moi, mon ami, et sachez tenir votre langue.

Il alla fermer la porte du cabinet du sous-préfet, puis revenant tout près de l'interprète: — Je suis, commença-t-il...

Il regarda autour de lui, poussa une fenêtre et jeta très bas :

— Je suis le chef de Sa Majesté le Roi d'Angleterre.

— Le chef ? répéta Aurelle sans comprendre.

— ...de Sa Majesté le Roi d'Angleterre, compléta le grand homme, souriant avec bonté de l'étonnement dans lequel cette révélation avait jeté le jeune soldat.

"Il faut que vous sachiez, mon ami, que Sa Majesté doit demain recevoir à déjeuner dans cette ville M. le Président de la République. L'activité de l'aviation allemande nous oblige à tenir ce programme secret jusqu'à la dernière minute. Cependant, j'ai été envoyé en avant avec Sir Charles pour inspecter le Club des Officiers britanniques, où doit avoir lieu ce repas. Vous allez m'y accompagner."

Vers le ci-devant hôtel de Vauclère, transformé en Club par le génie confortable de la race britannique, Aurelle escorta le cuisinier royal et le maître des cérémonies qui était un vieux gentilhomme anglais au visage rose, aux favoris blancs et aux souliers guêtrés de drap gris. Au-dessus de leurs têtes tournoyait en ordre triangulaire l'escadrille des Cigognes qui venait protéger la ville élue.

Pendant le trajet, M. Lucas daigna dire quelques mots :

— Notre déjeuner sera tout à fait intime ; le menu... très simple : depuis la guerre, Sa Majesté veut être rationnée comme son peuple... Les truites de rivière, les tournedos aux pommes, quelques fruits et, comme boisson, du cidre...

— Mais vous savez, Mister Lucas, interrompit timidement Sir Charles, que Sa Majesté la Reine désire boire du lait.

— La Reine boira du cidre, comme tout le monde, répliqua le chef, d'une voix sèche.

Sir Charles aima la cour pavée de l'Hôtel de Vauclère, sa façade de briques aux cordons de pierre que couronnait un blason taillé, les boiseries aux courbes simples de la salle à manger, et un dessus de porte qu'il attribua, non sans vraisemblance, à Nattier.

— C'est bien petit, bien petit, murmura M. Lucas pensif, mais à la guerre...

Puis il s'inquiéta des cuisines : elles étaient vastes et bien éclairées. Le sol brillait, carrelé de pavés rouges et blancs. Des casseroles de cuivre ornaient les murs, inutiles et splendides.

Devant les fourneaux, un cuisinier en bonnet blanc travaillait avec quelques aides : il se retourna au bruit et soudain, reconnaissant l'homme au veston bleu, il devint aussi blanc que son bonnet et dut laisser tomber sur le fourneau la poêle qu'il tenait à la main.

— Vous ? cria-t-il.

— Oui, mon ami, dit simplement l'auguste visiteur... Mais quelle surprise de vous trouver ici ! Quelle joie aussi, ajouta-t-il avec bienveillance. Ah ! je me sens maintenant l'esprit plus en repos. Ce repas improvisé, cette cuisine étrangère m'inquiétaient, je l'avoue. Mais un lieutenant tel que vous, mon cher, c'est la moitié de la bataille.

Oui, mon ami, continua-t-il en se tournant vers Aurelle qui regardait avec curiosité cette rencontre et pensait à Napoléon confiant sa cavalerie à Ney à la veille de Waterloo, c'est une bien étrange coïncidence que de trouver ici Jean Paillard.

À quinze ans, nous débutions sous les ordres du

grand Escoffier. Quand je devins chef au Ritz, Paillard entrait au Carlton; quand je pris Westminster, il acceptait Norfolk.

Ayant composé sans le vouloir un vers romantique, tant il est vrai que la poésie est la forme antique et naturelle de tous les sentiments vrais, M. Lucas prit un temps et, baissant les yeux, lança presque à mi-voix avec un art infini:

— Me voici chez le Roi... Quant à vous?

— Eh bien! moi, fit l'autre un peu honteux, ils ne m'ont mis en sursis que depuis deux mois: jusque-là, j'étais aux tranchées.

— Comment? dit M. Lucas, scandalisé... aux tranchées! Un chef comme vous!

— Mais oui, dit Jean Paillard avec simplicité, j'étais cuisinier au G. Q. G.

D'un haussement d'épaules résigné, les deux artistes déplorèrent le gaspillage de talents que font les démocraties armées, et M. Lucas commença d'exposer ses plans d'une voix ferme: il avait la précision un peu brusque des grands capitaines.

— Depuis la guerre, Sa Majesté désire être rationnée comme son peuple. Le menu sera donc très simple... Les truites à la Bellevue, les tournedos aux pommes... quelques fruits... Naturellement, il faudra ajouter une entrée et un dessert, pour l'office... Comme boisson, du cidre.

— Puis-je vous rappeler, Mister Lucas, dit Sir Charles avec inquiétude, que Sa Majesté la Reine a exprimé le désir de boire du lait?

— Je vous ai déjà répondu, dit le chef agacé, que la Reine boira du cidre comme tout le monde...

Cependant, vous me donnerez, Paillard, ajouta-t-il d'une voix plus douce, un état de votre cave: car il faut naturellement du vin pour l'office... Les tournedos, ai-je besoin de vous le dire, grillés sur braise, piqués... pour la salade, piments, tomates et noix...

Tout en donnant ainsi ses ordres, il en mimait l'exécution avec une grande sobriété de gestes et ses mains agitaient des casseroles invisibles.

— Si le menu est court, disait-il, il doit être parfait. Le grand cuisinier se reconnaît mieux à la perfection d'une pièce de bœuf, que dis-je? à l'assaisonnement d'une salade, qu'à la richesse de ses entremets. L'un des plus beaux succès de ma carrière, celui que j'aime à citer entre tous, c'est d'avoir fait comprendre le camembert par l'aristocratie anglaise. Le choix des fruits... Mais j'y pense, avez-vous des pêches, Paillard?

— Et des belles, dit celui-ci, faisant sauter le couvercle d'une caisse où des pêches admirables montraient leurs formes grasses et leurs couleurs estompées parmi la paille et le coton.

Le chef en prit une et la caressa doucement.

— Paillard, Paillard, dit-il avec tristesse, ça des pêches? On voit que vous avez été militaire, mon pauvre ami... Allons, j'enverrai la voiture à Montreuil.

Il médita encore quelques instants, puis, satisfait, se décida à quitter l'hôtel; dans la rue, il prit gentiment le bras d'Aurelle:

— Mon ami, dit-il, je crois que c'est tout, je vous remercie. Et si vous avez l'occasion de rencontrer Leurs Majestés, ne la manquez pas. On se fait chez nous, en France, des idées très fausses, je vous assure : nous avons, depuis la Révolution, des préjugés contre les familles royales. C'est puéril. Vous pouvez m'en croire ; moi, je vis avec celle-ci depuis plus de cinq ans, et je puis vous affirmer que ce sont des gens tout à fait bien.

> Un homme bien portant peut se passer de manger
> pendant deux jours, de poésie jamais. BAUDELAIRE.

IX

PRÉLUDE À LA SOIRÉE D'UN GÉNÉRAL

— *Well*, messiou, demanda le général, avez-vous rapporté de votre voyage de nouveaux disques pour mon gramophone?

Aurelle alla déboucler son sac et déballa non sans inquiétude, le *Prélude à l'Après-midi d'un faune.*

— Je ne sais pas si vous aimerez cela, *sir*, c'est de la musique française moderne.

— Je suis certain que c'est très beau, messiou, dit le général avec confiance.

Et il revêtit aussitôt, par courtoisie internationale, l'expression de béatitude qu'il avait coutume de réserver pour Caruso.

Aux premières notes, un air de stupeur parut sur son visage bienveillant. Il regarda Aurelle qu'il s'étonna de trouver calme, le colonel Parker qui travaillait, le docteur qui, la tête penchée, écoutait avec volupté, et, résigné, il attendit la fin de ces bruits acidulés et discordants.

— Messiou, dit-il, quand ce fut terminé, c'est tout à fait gentil à vous de ne pas nous avoir oubliés, mais...

— Mais, dit le colonel Parker levant la tête, je suis damné si je comprends cette musique.

— La musique la plus obscure, dit le Docteur, est aussi la plus efficace. Le rôle de cet art est de purger notre corps d'émotions accumulées qui ne trouvent pas leur objet dans la vie civile ou militaire. Les Égyptiens se droguaient tous les mois; je vais à Covent Garden chaque semaine, et un bon opéra vaut pour moi tous les calmants du Codex.

— Docteur, dit le colonel Parker, je suis damné si je comprends mieux vos discours que votre musique. Donnez-moi le *God Save the King* et au diable votre faune!

— Allons, allons, dit le général, conciliant... Peut-être n'est-ce pas écrit pour le gramophone... Mais je voudrais bien, Aurelle, que vous m'expliquiez...

— Avez-vous vu les ballets russes, *sir?*... Le Faune, couché sur un rocher, guette les nymphes en flûtant une gamme monotone. Elles paraissent enfin. Il les poursuit, mais leur fuite ne lui abandonne qu'une ceinture dénouée.

— Ceci est intéressant, dit le général, excité: remontez le gramophone, messiou, et rejouez le disque; je veux voir les nymphes. Vous me ferez signe au bon moment.

Une seconde fois, la machine remplit l'abri rustique de la grâce inquiétante du prélude. Aurelle récita doucement:

> Ces nymphes, je les veux perpétuer. Si clair
> Leur incarnat léger qu'il voltige dans l'air
> Assoupi de sommeils touffus...

— Bravo, messiou, dit le général, quand les dernières notes sonnèrent; je l'aime déjà mieux que la première fois. Je suis sûr que je finirai par m'y habituer.

— N'est-ce pas, *sir?* dit Aurelle, ravi. Même au gramophone, ces dernières notes de harpe sont émouvantes. Ah! voyez-vous, Docteur, il ne faut pas parler des arts; il faut regarder et écouter. J'ai toujours admiré ce mot du vieux Renoir: "Ne me demandez pas, disait-il, si la peinture doit être objective ou subjective, je vous avouerais que je m'en fous."

— Ah! messiou, dit le général, que ce gentleman avait raison!

X

INSTRUCTION

— Padre, dit le général, ne trouvez-vous pas que ce mess est une heureuse famille?

— Padre, dit le docteur, ne trouvez-vous pas, en effet, que ce mess présente tous les caractères de la famille, étant une assemblée d'êtres que le hasard seul a réunis, qui ne se comprennent pas, se jugent avec sévérité, et sont forcés de se supporter?

— Ne plaisantez pas, dit le colonel Parker; c'est par de telles contraintes que l'homme échappe à la vie animale. Pas d'amants véritables hors du mariage; pas d'amis vrais hors du régiment, de l'école ou du métier. Si la vie militaire a quelque grandeur, c'est que l'ordre de service est un sacrement, et que ces amitiés par ordre ont été l'occasion des plus beaux dévouements.

Et comme le Padre Jeffries lui plaisait, il raconta ce beau trait de désintéressement d'un soldat.

— Vous avez connu Biggs, mon ancienne ordon-nance? C'était un tout petit homme, instruit et timide, qui, en temps de paix, vendait des cravates. Biggs détestait la guerre, les obus, le sang et le danger.

Or, à la fin de 1916, les Puissances avaient envoyé le bataillon au camp d'instruction de Gamaches. Un camp d'instruction, Padre, est un terrain jalonné de tranchées invraisemblables où des officiers qui ne font pas la guerre apprennent à la faire à des camarades chevronnés.

Les commandants des camps, ayant une clientèle à conserver, lancent chaque saison une mode nouvelle. Pour ce printemps, on va, je crois, porter l'ordre dispersé, mais, l'automne dernier, la formation en masse était prônée par les meilleures maisons. On parle beaucoup aussi, depuis quelque temps, du tir au jugé, une création tout à fait originale de mon ami Lamb, garçon plein de goût et qui ira loin.

À Gamaches, le grand chef était le major King, écossais assoiffé de sang, dont la marotte était la baïonnette. Il démontrait assez bien qu'en dernière analyse c'est la baïonnette qui gagne les batailles. D'autres ont prouvé avant lui que seules la grenade, l'artillerie lourde ou même la cavalerie peuvent décider de la victoire, mais la doctrine de King était nouvelle en ceci, qu'il préférait, pour former ses guerriers, la suggestion morale à l'escrime réelle. Pour la boucherie assez répugnante qu'est une lutte à l'arme blanche, il jugeait nécessaire d'inspirer aux hommes la haine féroce de l'ennemi.

Il avait donc fait coudre des sacs de paille en forme de soldats: il les avait coiffés d'une sorte de casque, les avait peints en gris fer, et les donnait comme cibles à nos Highlanders.

"— Le sang coule, répétait-il pendant les exercices, le sang coule, sa vue doit vous réjouir. Ne vous attendrissez pas: pensez à larder au bon endroit. Pour arracher ensuite la baïonnette de la poitrine du cadavre, il est bon de lui poser le pied sur le ventre."

Vous imaginez que Biggs désapprouvait de tels dis-

cours. En vain le sergent-major Fairbanks, des Guards,
lui débitait-il son répertoire le plus sanglant, cette âme
tendre n'imaginait qu'avec horreur les entrailles et les
cervelles à nu, et les charges les mieux préparées per-
daient par sa faute cette ivresse belliqueuse si chère au
major King.

"— Au temps! hurlait le sergent-major Fairbanks,
au temps pour Private Biggs!"

Et après vingt essais manqués, il concluait triste-
ment:

"— *Well, boys!* Vous verrez, et ce sera comme je
vous le dis, qu'au jour du Jugement Dernier, quand
nous serons tous réunis pour la revue finale et que le
Seigneur s'approchera, l'archange Gabriel, ayant com-
mandé: "Garde à vous!" devra dire aussitôt: "Au
temps, *gentlemen*, au temps, je vous prie, pour Private
Biggs!""

À la fin de la période d'instruction, King réunit tous
nos hommes dans un grand hangar et leur fit sa célèbre
conférence sur la haine de l'ennemi.

J'étais assez curieux de l'entendre, car on parlait
beaucoup, au G. Q. G., de l'extraordinaire influence
qu'il avait sur le moral des troupes. "Un discours de
King fait autant de mal à l'ennemi que dix batteries
d'obusiers lourds," m'avait dit le chef d'état-major.

L'orateur commença par un brillant récit des atrocités commises en Belgique. Il avait un répertoire
délicieux d'assassinats, d'incendies et de viols, et je
commençais à me sentir tout à fait mal à mon aise
quand il passa aux atrocités commises sur les champs
de bataille.

Ce fut alors une terrible description de prisonniers

fusillés, un récit nauséabond des effets des gaz et une épouvantable histoire de sergent canadien crucifié; puis, quand nous eûmes tous le poil hérissé et la gorge sèche, un hymne de haine vraiment éloquent et un appel à la baïonnette vengeresse.

Alors King se tut pendant quelques minutes pour jouir de nos visages hagards, et quand il nous jugea à point:

"— Maintenant, conclut-il, s'il y a parmi vous un homme qui désire une explication, qu'il n'hésite pas à parler, je répondrai à toutes les questions."

Alors on entendit dans le silence la voix douce et pure du soldat Biggs, qui disait:

"— *Please, sir?*

"— Oui, mon garçon, dit le major King avec bienveillance.

"— *Please, sir*, dit Biggs, je désirerais savoir comment on peut se faire verser dans l'Intendance?"

Le soir, dans la cuisine, nos ordonnances discutèrent cet incident et découvrirent au cours de la conversation que Biggs n'avait jamais tué personne. Tous les autres étaient de vieux guerriers: ils s'étonnèrent.

L'ordonnance du général, Kemble, ce géant qui, à lui seul, en avait une douzaine au tableau, plaignit vivement le pauvre petit *cockney*.

"— Homme, homme, disait-il, comment est-ce possible? Quoi? Jamais un? Pas même blessé?

"— Non, dit Biggs, honnête: je cours très lentement, j'arrive partout le dernier... *I never get a chance*."

Or, quelques jours plus tard, le bataillon fut remis en ligne et lancé dans une petite échauffourée en face de Fleurbaix, pour enlever un saillant. Vous vous en souvenez, *sir?* C'est une des meilleures choses que la division ait jamais faites.

Préparation, barrages rampants, communications coupées, tout marcha à l'horloge et nous prîmes nos ennemis dans leurs trous comme des lapins.

Or, tandis que les hommes, à coups de fusils, de grenades, de baïonnettes, nettoyaient les boyaux conquis, on entendit tout à coup hurler :

"— Harry, Harry, *come on...* Envoyez Biggs... Faites passer Private Biggs."

C'était la voix du highlander Kemble; un autre géant empoigna Biggs par le fond de sa culotte et le hissa avec son fusil à la hauteur du parapet. Là deux mains robustes saisirent le petit homme qui circula dans les airs tout le long de la file pour être enfin transmis à Kemble, qui, l'attrapant de la main gauche, lui dit d'une voix affectueuse, tout heureux du plaisir délicat qu'il allait offrir à son ami :

"— Homme, homme, regarde dans ce trou; j'en ai là deux au bout de mon fusil, mais je les ai gardés pour toi."

— Cette histoire est vraie, dit le général Bramble, et elle prouve une fois de plus que le soldat britannique a bon cœur.

Le Révérend Jeffries et l'interprète Aurelle étaient devenus très blancs.

> Les maux pleuvent sur le genre humain comme les
> balles sur une armée, sans aucune distinction de
> personnes. J. DE MAISTRE.

XI

PROVIDENCE

— Ils seront bientôt ici, dit le docteur O'Grady. La
lune est basse, les ombres longues, et ces éclairages
obliques leur sont commodes.

Il arpentait, avec le colonel Parker et l'interprète
Aurelle, la terrasse bordée de tilleuls d'où l'on décou-
vrait la ville menacée. Autour d'eux, sur l'herbe humide
des pelouses, des groupes de femmes inquiètes sur-
veillaient l'horizon.

— Hier soir, dit Aurelle, ils ont tué dans un faubourg
les trois enfants d'un boulanger.

— Il est malheureux, dit le docteur, que le beau
temps les favorise. J'ajoute que cela est choquant pour
un esprit religieux. Les lois des tempêtes semblent
être les mêmes pour ces sauvages et pour les oiseaux
innocents. Rien n'est plus contraire à l'idée d'une
divinité honnête.

— Docteur, dit Aurelle, vous êtes un mécréant.

— Non, dit le docteur, je suis Irlandais, et respecte
l'amère sagesse du catholicisme. Mais cet univers, je
l'avoue, me paraît tout à fait amoral. Les obus et les
décorations tombent au hasard, sur le juste et l'injuste;
le carburateur de Wilson marche aussi mal que celui
du Kaiser; les Dieux s'abstiennent et se soumettent au
Destin. Apollon, discipliné, sort son char tous les

matins: cela satisfait peut-être les poètes et les astro-
nomes; le moraliste en souffre. Il me plairait de con-
stater que la résistance de l'air est proportionnelle à la
vertu de l'aviateur, et que le principe d'Archimède ne
s'applique pas aux pirates.

— O'Grady, dit le colonel Parker, connaissez-vous
le psaume: "Encore un moment et l'impie n'existera
plus, vous chercherez sa place et vous ne la trouverez
pas?"

— Oui, colonel; connaissez-vous l'histoire du pari
de Charles Bradlaugh, qui tira sa montre et défia le
Tout-Puissant de le foudroyer dans un délai de cinq
minutes?

— Sottise grossière, dit le colonel.

— Celle du prophète Élie, dit le docteur. Il n'en est
pas moins vrai que si tout à l'heure vous, homme de
bien, et moi, pécheur, nous nous trouvons tous deux au
même point de chute...

— Mais, docteur, interrompit Aurelle, votre science
elle-même n'est qu'un acte de foi.

— Comment, *my boy?* Je constate dans ce monde
l'existence de lois. Si j'appuie sur la détente de ce
revolver, la balle partira, et si le général Webb ob-
tient un corps d'armée, le général Bramble aura la
jaunisse.

— Sans doute, docteur; vous observez quelques
séries liées et vous en concluez que le monde est
soumis à des lois. Mais les faits les plus importants:
la vie, la pensée, l'amour, échappent à vos expériences.
Vous savez peut-être que le soleil se lèvera demain
matin, mais vous ne savez pas ce que le colonel Parker
va dire dans une minute. Vous affirmez pourtant que

le colonel est une machine: c'est que telle est votre religion.

— C'est celle de tout le monde, dit le docteur. Hier encore, je lisais dans un mandement de l'évêque de Broadfield: "Les prières pour la pluie ne pourront avoir lieu cette semaine parce que le baromètre est trop haut."

Au loin dans la plaine, du côté d'Amiens, des points lumineux piquèrent de leur éclat bref le ciel que poudrait l'or des étoiles.

— Les voici, dit Aurelle.

— Encore dix minutes, dit le docteur.

Et ils reprirent leur promenade.

— Écoutez! dit Aurelle.

Le parc était devenu étrangement silencieux; bien qu'il n'y eût aucun vent, on percevait le bruissement doux des feuilles, l'aboiement d'un chien dans la vallée, le craquement d'une branche sous le poids d'un oiseau. Et très haut, dans le ciel pur, on devinait une présence hostile, un bruit énervant et fin, comme si un moustique invisible avait bourdonné dans les étoiles.

— Cette fois, ça y est, dit le docteur.

Le bruit grandit: le bourdonnement d'un essaim d'abeilles géantes se hâtait maintenant vers la colline.

Soudain, un long sifflement passa au-dessus d'eux: de la vallée, un faisceau de lumière bondit et se mit à étudier le ciel avec une étrange méthode d'être surhumain.

Une explosion formidable secoua la colline, et une flamme s'éleva au-dessus de la ville.

— Ils visent la gare, dit le colonel. Ces projecteurs font plus de mal que de bien. Encadrant le but, ils en indiquent le centre.

— Quand j'étais au Havre, dit Aurelle, un artilleur alla trouver le génie de la place pour lui demander des projecteurs qui dormaient au fond d'un magasin. "Impossible, dit le génie, c'est la réserve de guerre, et il est interdit d'y toucher." On ne put jamais lui faire comprendre que cette guerre que nous soutenions dans l'Est était bien celle de son catalogue.

— Il est regrettable, dit le docteur, qu'on ait planté un de ces appareils devant notre terrasse. Cela va nous attirer des visites désagréables.

Le souffle énorme d'un avion haletant se rapprochait et le ciel tout entier tremblait d'un bruit mécanique comme une immense usine.

— *My God!* dit le docteur, *we are for it.*

Cependant les étoiles scintillaient doucement, les notes fines d'un chant d'oiseau se détachaient sur le vacarme avec une netteté délicate, et l'on eût dit que le grondement des moteurs, le sifflement des canons et les gémissements des femmes apeurées n'étaient, comme dans une symphonie militaire et pastorale, que les accords imaginés par un compositeur divin pour accompagner sa frêle mélodie.

— Écoutez, dit le colonel Parker, écoutez... le rossignol.

XII

LETTRE D'AURELLE

H.Q. Avril 1918.

Tears fall within my heart
  As rain upon the town:
Whence does this languor start
  Possessing all my heart?

O sweet fall of the rain
  Upon the earth and roofs:
Into a heart of pain
  O music of the rain...

L'Enfant Dundas, aide de camp joufflu, m'interrompt en sifflant à mes oreilles un air de chasse.

Nous vivons dans la brousse depuis huit jours. Je ne sers à rien puisqu'on ne saurait interpréter le silence aux militaires, et quand je puis museler le Boy pour un quart d'heure (que vos chocolats, ô Dispensatrice, me sont utiles!) je découvre les poètes anglais que me prête l'éternel Docteur.

Je vous envoie dans une gargousse cuivrée, que le soldat Brommit astiqua pour vos fleurs, Dawson, bohème érudit qui anglicisa si joliment Verlaine; Brooke, jeune Apollon aux cheveux d'or, mort sur le chemin des Dardanelles.

" ... Nous l'avons mis en terre dans un bois d'oliviers qui est un des lieux les plus charmants du monde. Le sol est gris-bleu, d'une sauge fleurie, dont l'odeur est plus délicieuse que celle d'aucune autre fleur. Imaginez tout cela sous une lune voilée de nuages, les trois montagnes autour de nous, et partout ces odeurs

divines. Nous avons couvert la tombe de grands morceaux de marbre blanc qui sont partout épars en ces
lieux, et sur la croix notre interprète grec inscrivit au
crayon :   *Ici repose le serviteur de Dieu*
               Sous-lieutenant de la marine anglaise
      Qui mourut pour délivrer Constantinople des Turcs.

Ne trouvez-vous pas que c'est une "chose de beauté,"
comme disait jadis notre Hermant? Cela ne vous fait-
il point penser à Shelley, brûlé sur un bûcher au bord
de la mer déferlante, tandis que Byron nu s'éloigne à
la nage? Mise en scène? Peut-être, mais si instinctive
et si belle. Et quand je vous donnerai quelque jour les
lettres de Charles Lister, vous verrez à quelle grâce
charmante, à quelle culture sans pédantisme, à quel
idéalisme sans fanatisme cette race peut atteindre.

Nous n'avons guère de ces chansons d'oiseau, légères,
aériennes, irréelles. "That sweet, bird-like note of the
English song." La plupart de nos grands poètes sont
des pères de famille aux vies grises et les rêves même
d'un Français demeurent ordonnés et sobres. Votre
fille, à qui je lisais l'admirable "Alice in Wonderland,"
m'arrêta d'un "c'est trop stupide." Ses six ans sont
déjà cartésiens.

Chez nous, les idées sont des forces actives et dangereuses qu'il faut manier avec prudence. Chez ces
Anglais, l'action est si bien déterminée par une éducation rigide, que la clownerie verbale d'un Shaw reste
une acrobatie inoffensive, dont le conservateur le plus
réaliste se divertit sans scrupules. Le docteur O'Grady
peut risquer au mess les pires blasphèmes sans émou-
voir le Général ni le Padre; ils ont été élevés à Eton et
se savent invulnérables.

Bien plus, il arrive assez souvent que le conservateur réaliste utilise pour ses desseins le libéral prophétisant. Lord Curzon se sert, bien malgré lui, de H. G. Wells. Rien ne choque davantage un Français, qui crie aussitôt à la perfidie. Mais le bon sens est ici la chose du monde la plus méprisée: ils n'en ont que faire. Le divorce de la vie pratique et de la pensée théorique est si complet que la pensée se trouve tout à fait libérée.

"Yo-oi... Hello-o!" me crie l'Enfant Dundas en faisant claquer son fouet. Lui aussi combine dans son âme naïve et athlétique un penchant secret pour la poésie, un sentiment élevé de l'honneur et un amour désintéressé de son pays. Mais si je lui disais ces choses, il m'allongerait un direct du droit auquel il m'apprit d'ailleurs à répondre par un crochet du gauche.

Le voici qui essaie un fox-trot sur la machine à écrire du clerk. Dans six secondes, si je ne fais bonne garde, il empoignera mon Byron pour me montrer des passes de rugby.

Adieu, je vais promener l'Enfant Dundas dans ce vallon funèbre. Nous campons ici entre deux cimetières: l'un est allemand et s'ordonne autour d'une croix de pierre assez belle, dont des pleureuses taillées en plein bloc soutiennent les bras massifs. L'autre est anglais; il est simple et fleuri. Déjà les pervenches et les anémones s'y entr'ouvrent. Voici que commencent les violettes d'avril et ses rumeurs d'offensive:

> Mignonne, c'est l'Avril: les amants et les princes,
> Conquérant à l'envi maîtresses et provinces,
> Vont fatiguer les Dieux du bruit de leurs exploits
> Jusqu'à ces mois d'automne où tombent à la fois
>   Les feuilles et les rois.

XIII

ÉTAPE

On avançait depuis trois jours dans cette plaine dévastée de la Somme qui, houleuse de trous d'obus, ressemble à une mer figée dans la tempête. La Division avait connu le désastre; sur les routes, elle avait vu pour la seconde fois la fuite sinistre des villageois et les voitures chargées de meubles que traînent les femmes inclinées.

Le général Bramble avait regardé la carte avec un douloureux étonnement. On lui avait dit de résister à tout prix dans les tranchées de la ligne verte. Mais arrivé à la ligne verte, il n'avait pas trouvé de tranchées. Les Chinois que les Puissances destinaient à les creuser étaient alors en mer, quelque part du côté de Suez.

La retraite avait continué. Le capitaine Forbes, qu'on appelait aussi "Intelligence," était venu chevaucher aux côtés de l'interprète.

— Aurelle, il faut que je vous parle. Hier soir, j'ai étudié la carte. Eh bien! si les Allemands arrivaient à la mer du côté de Saint-Valéry, nous serions dans une très mauvaise situation. L'armée anglaise et l'armée française seraient coupées et les opérations deviendraient très difficiles.

— Vous devriez avertir Douglas Haig, lui avait dit Aurelle, qui ne l'aimait pas.

Alors des camions étaient venus chercher toute la

division pour l'emmener au nord, et l'on avait senti que dans ce désordre, une main géante essayait de reconstruire la ligne avec des mouvements prudents et adroits.

— Que voulez-vous que fasse un général? avait dit le docteur. Cette guerre n'est pas à l'échelle de la volonté humaine. Les causes minuscules et décisives qui donneront la victoire à l'un des camps, agissent depuis la création du monde. Le Koutousoff de Tolstoï dormait au conseil: il a vaincu Napoléon.

— Qu'importe la grandeur des phénomènes, avait répondu le colonel, un homme peut tout changer. Un enfant n'aurait pas la force de pousser une locomotive: il peut cependant la lancer s'il ouvre le bon robinet. Branchez votre volonté au bon endroit et vous serez le maître du monde. Votre déterminisme n'est qu'un paradoxe, docteur. Vous construisez une cage autour de vous, et vous vous étonnez d'être prisonnier.

On avançait. Aurelle, sur son vieil arabe blanc,.trottait entre le docteur et le colonel Parker.

— Ne tenez pas votre cheval si serré, Messiou, laissez-le faire.

— Mais c'est plein de trous, colonel.

— *My boy*, quand un homme est sur un cheval, le cheval est toujours le plus intelligent des deux.

Il rendit la main à sa jument pour passer un bel entonnoir, puis il parla de la paix prochaine.

— Le plus difficile, dit-il, sera de conserver dans la victoire les vertus qui nous l'ont procurée. Rome triomphante vit se répandre avec une foudroyante rapidité cette prédication judéo-chrétienne qui ressemblait si fort au bolchévisme. Les ghettos russes de nos capitales

étaient alors représentés par les bouges syriaques des
grands ports. Les apôtres d'un communisme mystique
y prêchaient avec succès. Et Juvénal et Tacite, qui
étaient des *gentlemen*, haïssaient avec raison ces
anarchistes qui jugeaient la civilisation romaine avec la
fureur injuste d'un Trotsky.

— Oui, dit le docteur, le danger de ces guerres pro-
longées, c'est qu'elles finissent par faire accepter les
mœurs les plus étranges. Il y faut de l'audace ; c'est une
vertu dangereuse et mère des révolutions. Et il n'est
pas facile d'habituer un peuple de braves à obéir à
nouveau comme il convient aux médiocres et aux riches.
Sans doute reverrons-nous ces colères de vétérans que
les Césars connaissaient si bien.

En temps de guerre, la société a besoin de héros, elle
les couvre de plaques brillantes et les accable de bonnes
fortunes. Le grand crime alors est d'être lâche. Toutes
les fautes d'avant-guerre sont vénielles. Quand viendra
la paix, nos troupeaux humains manqueront surtout
d'argent et de pain. Le producteur sera déifié, le
mercanti prendra dans la haine publique la place de
l'embusqué, et les gens de police arrêteront plus d'un
bandit que, deux ou trois ans plus tôt, son général eût
embrassé.

Le colonel Parker s'arrêta pour saluer une pie, car
était superstitieux, fit voir du bout de sa canne un *tank*
enlisé et retourné comme une tortue vaincue, et dit :

— Oui, l'après-guerre sera difficile. Mais je serais
surpris, Aurelle, si vous aviez une révolution en France.
Mes idées sur votre pays ont changé depuis quatre ans.
Le souvenir de 93 nous montrait en France le point
dangereux de l'Europe. Nous voyons aujourd'hui

notre erreur. C'est au contraire 93 qui a fait de vous le peuple le plus conservateur du monde, en donnant à vos paysans la propriété du sol. On verra sans doute aussi, dans quelques années, que tel aura été l'effet de la révolution russe. Quelque Bonapartsky désœuvré fera chasser les Soviets par ses grenadiers, et les moujiks acquéreurs de biens nationaux formeront la première couche d'une bourgeoisie libérale, prud'hommesque et républicaine.

— La plus terrible des révolutions, dit le docteur, sera la révolution anglaise. En France, l'intellectuel est populaire. Le tribun est un professeur barbu, à l'âme douce et bourgeoise. En Angleterre, le commissaire du peuple sera un homme dur, bien rasé, silencieux et cruel.

— Peut-être, dit le colonel, mais il trouvera pour le boxer des hommes plus silencieux et plus durs. Si vous croyez que nous nous laisserons faire comme la noblesse fataliste de Pétrograd, vous vous trompez.

— Vous, Colonel ? Et pourquoi diable iriez-vous défendre des marchands et des profiteurs que vous vouez à l'enfer à tout propos ?

— Je ne défendrai pas les marchands, mais une forme de société que je crois nécessaire. Les institutions que nos ancêtres ont adoptées après six mille ans d'expériences, valent mieux que les constructions d'imbéciles hâtifs et prétentieux. Ce qui existe a une grande vertu, c'est d'exister.

Le docteur montra d'un geste large les fils de fer tordus et rouillés, les murs éventrés, les arbres déchiquetés, et la moisson serrée des croix de bois qui montait de cette terre dévastée.

— Souffrez, dit-il, que j'admire cette civilisation

vénérable et le fruit d'institutions si sages que six mille ans consacrent à vos yeux... Six mille ans de guerre, six mille ans de misère; la moitié de l'humanité occupée à asphyxier l'autre moitié; la famine en Europe, l'esclavage en Asie; voilà les conquêtes glorieuses de nos ancêtres. Elles méritent, je l'avoue, que je me fasse égorger pour les défendre.

— Oui, docteur, dit Aurelle, mais, l'argument tranche des deux côtés : Six mille ans de réformes, six mille ans de révolutions...

— Aussi ne croyez pas, dit le Docteur, que je sois partisan d'une révolution. Ceux qui veulent la faire me surprennent autant que ceux qui prétendent l'empêcher. Pour moi, les mouvements des hommes m'intéressent comme ceux des araignées ou des chiens, que j'observe avec plaisir. Je sais que tous les discours du monde ne les empêcheront pas d'être des bimanes jaloux, avides de nourriture, et de métaux brillants. Il est vrai qu'ils savent parer leurs désirs d'une idéologie assez belle et qui fait illusion, mais il est facile au spécialiste de reconnaître l'instinct sous la pensée. Toute doctrine est une autobiographie. Toute philosophie appelle un diagnostic. Dis-moi comment tu assimiles et je te dirai comment tu raisonnes.

— Ah! Docteur! S'il en est ainsi, la vie ne vaut pas la peine d'être vécue.

— Ceci, *my boy*, dépend seulement de l'état de votre foie.

— De l'état de votre âme, dit le colonel Parker, et il partit au galop.

Aurelle se tourna vers l'Enfant Dundas qui trottait près de lui sur l'herbe brûlée.

— Et vous, Dundas, que feriez-vous, si la Révolution éclatait?

— Moi? fit l'Enfant surpris... je ferais comme tout le monde.

— Mais encore? On vous dirait de prendre un métier. Vous n'en connaissez aucun.

— J'y ai pensé, avoua l'Enfant avec mystère et fierté... Je me ferais secrétaire d'un club de golf.

O, quaint and curious war is;
You shoot a fellow down
You'd treat, if met where any bar is,
Or help to half-a-crown.
THOMAS HARDY.

XIV

ARMISTICE

Tandis que d'autres allaient camper en Belgique ou sur le Rhin, l'état-major du général Bramble fut envoyé au bord de la mer, pour préparer le retour des armées.

Dans le froid et la pluie de décembre, les villas d'été, frissonnantes, s'ouvrirent pour loger des Casquettes Rouges. Le vent traversait en sifflant les murs de bois, la pluie tombait dans les chambres. Au dehors, d'énormes vagues faisaient hurler les galets.

Des visages inconnus parurent à la table du mess. Car les militaires, voyant avec tristesse leur machine sur le point d'être démontée, se hâtaient de forger des rouages nouveaux. Ainsi débarqua un professeur de géographie que l'on appelait "Éducation," comme on appelait "Intelligence" le capitaine Forbes, qui s'occupait des espions, et "Économie" le capitaine Barton, qui s'occupait des eaux grasses.

Accueilli d'abord avec méfiance parce qu'on le croyait pédant et qu'on le savait libéral, Éducation avait conquis les cœurs.

"Éducation a un sens de l'*humour*," avait dit le général, ravi. Et, depuis ce jour, le professeur de géographie avait été adopté par le mess.

En ce temps-là, chaque soir l'Enfant Dundas diri-
geait un cours de danse que suivaient les casquettes les
plus dorées. Chaque soir, Aurelle se plongeait dans le
Times et s'attristait à essayer de reconstruire l'Europe.

— Aurelle, lui disait le colonel Parker, ôtez votre
vareuse et venez apprendre le *one step*, cela vaudra
mieux que de vous lamenter toute la soirée.

— Vous savez bien, colonel, que je ne danse pas.

— Vous avez tort, dit Parker; un homme qui ne
danse pas est un ennemi du genre humain. Le danseur
et le bridgeur, ne pouvant vivre sans partenaires, sont
sociables par nécessité; mais, vous, un livre vous suffit.
Vous êtes un mauvais citoyen.

Le docteur, vidant d'un trait son verre de brandy, se
mit à son tour en bras de chemise et se joignit au colonel
pour accabler le jeune Français:

— Un naturaliste anglais distingué, M. James
Stephens, dit-il, a remarqué que l'amour de la danse
varie comme la pureté des cœurs. C'est ainsi que les
enfants, les agneaux et les chiens dansent volontiers.
Les agents de police, les notaires et les poissons dansent
peu, parce que leur cœur est dur. Les vers de terre et
les membres du Parlement...

— Docteur, interrompit le général, je vous charge du
gramophone: vitesse maxima, je vous prie.

Les ordonnances poussèrent la table dans un coin, et
l'aide de camp, tenant son général étroitement enlacé,
le promena avec respect, mais en cadence, autour de la
chambre.

— Un, deux... un, deux... C'est une simple
marche, *sir*, mais glissée... il ne faut pas que vos pieds
quittent le sol.

— Pourquoi? dit le général.

— C'est la règle... Maintenant, *twinkle.*

— *Twinkle?* Qu'est-ce que c'est? dit le général.

— Une sorte d'hésitation, *sir;* vous avancez le pied gauche, puis le ramenez brusquement à côté du droit et vous repartez du pied droit... Gauche, ramenez, et vivement droit... Parfait, *sir.*

Le général, toujours précis, demanda combien de pas il fallait compter avant de *twinkle* à nouveau. L'éphèbe rose lui expliqua que cela avait peu d'importance. La fantaisie la plus libre était permise.

— Mais alors, dit le général Bramble, comment ma partenaire peut-elle savoir que je fais *twinkle?*

— Ah! dit l'aide-de-camp, il faut la tenir assez serrée, pour que le moindre mouvement de votre corps puisse être deviné par elle.

— *Hough!* grogna le général.

Et, après un instant d'hésitation, il ajouta:

— Peut-être pourrait-on organiser ici des bals mixtes?

— Ce qui me désole, dit d'une voix lamentable Aurelle, du fond de son fauteuil, c'est que nos augures prennent au sérieux la théorie des nationalités. C'est la plus dangereuse des doctrines. Il n'y a pas de nationalités, il n'y a que des nations. La nation est un organisme homogène et viable. La nationalité n'est qu'un faisceau de sentiments confus, nullement respectables. S'il faut satisfaire chaque village qui se souvient d'avoir été indépendant il y a dix siècles, cette guerre-ci n'est que le prélude d'une période de guerres sans fin.

— La prochaine guerre, dit le colonel Parker, qui s'était laissé tomber dans le fauteuil voisin de celui d'Aurelle, la prochaine guerre sera si affreuse que tous ceux qui auront assisté à celle-ci s'en souviendront avec regret. Les villes de l'arrière seront entièrement détruites par les attaques aériennes. Les *tanks* seront devenus des cuirassés de terre qui parcourront les campagnes en répandant partout des gaz dont une seule bouffée sera mortelle. Les abris seront inutiles, car il existera des appareils qui signaleront aussitôt la présence sous terre d'un être humain.

— Mais, colonel, dit Aurelle, la défensive aura fait les mêmes progrès que l'offensive. Chaque homme sera muni d'un perforateur qui lui permettra de cheminer sous terre aussi vite qu'à l'air libre. On saura faire éclater à distance les explosifs que transportent les avions et détourner ceux-ci de leur direction par de puissants électro-aimants. Les enfants vivront masqués dès le berceau, et les capitales comme Paris et Londres seront des villes troglodytes enfoncées à mille pieds sous terre et protégées des gaz par un tampon chimique.

— Beaucoup plus simplement, dit Éducation, si l'idée de nation est la cause de souffrances aussi épouvantables, la nation disparaîtra. On cessera de croire l'état de guerrier honorable sous prétexte que la guerre fut, il y a deux mille ans, un jeu chevaleresque. Les hommes reconnaîtront qu'ils ne peuvent vivre dans la terreur, et les États-Unis du Monde...

— Je ne crois pas, dit le docteur, aux États-Unis du Monde. Je n'y crois pas, pour des raisons biologiques. Toutes les fois que la nature...

— Quelle est cette femme? dit Aurelle.

— ... L'évolution, si vous préférez, a augmenté au delà de toute mesure les dimensions des amas de

matières vivantes, elle a fait faillite. Exemple: les
reptiles géants de l'époque secondaire. À partir d'une
certaine limite, l'accumulation de trop de cellules en
un seul corps, de trop de citoyens en une seule cité,
cesse d'être viable. Les Romains avaient créé en fait les
États-Unis du monde connu de leur temps. Cicéron
croyait à la société universelle du genre humain. Mais
la civilisation gréco-romaine a failli en périr tout entière.
Délivré de la concurrence, il semble que l'homme,
pendant la paix romaine, se soit abandonné à un
désespoir qui ne trouvait de remède que dans la constitution de sociétés secrètes qui fonctionnaient comme
des patries nouvelles. Aux nations détruites succédaient
les Églises. Il en serait de même sans doute si la Société
des Nations devenait active et puissante.

— Permettez-moi d'en douter, dit Éducation. Il vous
plaît d'attribuer la ruine de l'Empire romain à je ne sais
quel instinct désaxé. Je l'attribuerai plutôt, moi, à
l'ignorance profonde des administrateurs latins. Ces
hommes de bonne volonté étaient rendus impuissants
parce qu'ils ignoraient la géographie. Aucune civilisation n'a méprisé les sciences comme l'a fait Rome. Ces
maîtres du monde étaient incapables d'établir une carte
du nord de l'Europe. Notez que rien ne leur aurait été
plus facile. Ils importaient de l'ambre de la Baltique et
de la soie de l'Asie centrale. Mais nul esprit curieux ne
relevait la route des caravanes. Par cette ignorance était
rendu impossible un plan d'ensemble pour civiliser
les nomades. On savait vaguement qu'il y avait des
Scythes, des Parthes, mais on se contentait de les
nommer.

De plus, ces Romains de bonne naissance avaient ceci

de commun avec les Anglais, qu'ils ne pouvaient comprendre que tous les peuples ne fussent pas Romains. Lisez la correspondance de Pline et de Trajan : Pline est un *gentleman* charmant, un peu trop obséquieux, aussi effrayé de prendre une décision sans en référer à Rome, qu'un de nos généraux peut l'être de mécontenter le War Office. Il se croit obligé d'écrire à l'empereur pour lui demander s'il peut laisser deux ordonnances à un certain Gabius Bassus. L'avancement et les prérogatives des fonctionnaires romains, la construction de bains et de théâtres lui paraissent plus importants que les besoins des "natives." Ainsi un régiment de l'armée des Indes croit à l'importance vitale de son club et de son polo. D'ailleurs, le progrès militaire est fonction du progrès scientifique, et les Romains n'étaient pas des scientifiques.

— La vérité, dit le colonel Parker, c'est qu'il y avait à Rome une crise d'effectifs. C'est plutôt par là que la situation ressemblait à celle de l'Angleterre. L'armée romaine tout entière n'atteignait pas cinq cent mille hommes. C'était peu pour garder des domaines immenses où une révolte était toujours possible. Mais il faut dire que nous avons, pour assurer notre force, des canons, des avions et des *tanks*, contre lesquels des barbares sont à peu près impuissants. Je crois à la durée de l'Empire Britannique.

Les craquements sinistres du *jazz*, évocateurs d'un barrage de 420 pendant un orage, couvrirent la voix du colonel.

— Le *jazz*, hurlait le général à son aide de camp, tout en bostonnant majestueusement... Le *jazz*, qu'est-ce que c'est, Dundas ?

— Tout ce que vous voudrez, *sir*, répondit l'éphèbe rose... Il n'y a qu'à suivre la musique.

— *Hough*, dit le général, étonné.

— Docteur, murmurait gravement Aurelle, nous assistons peut-être aux derniers jours d'une civilisation qui, avec tous ses défauts, fut parfois aimable; ne croyez-vous pas qu'il y aurait mieux à faire que de tanguer sans grâce aux sons d'une atroce bamboula?

— *My boy*, dit le docteur, que feriez-vous si l'on vous enfonçait une épingle dans la cuisse?... *Well*, la guerre et la paix ont cloué plus d'une pointe dans l'épiderme de l'humanité. Celle-ci se dandine en hurlant de douleur: c'est un réflexe assez naturel. Il y eut ainsi une épidémie de fox-trot après la peste noire du XIVe siècle; seulement, dans ce temps-là, on appelait ça la danse de Saint-Guy.

Ce que le tableau représente? Cela dépend de celui
qui le regarde.   WHISTLER.

XV

PORTRAITS

La Mission Française, dans sa haute sagesse, envoya
pour organiser avec le colonel Parker les transports de
démobilisation, un capitaine de dragons qui se nom-
mait Beltara.

— Êtes-vous parent du peintre, mon capitaine? lui
demanda l'interprète Aurelle.

— Comment? fit le dragon... Répétez cela, je vous
prie... Vous êtes mobilisé, si je me trompe?... Vous
êtes militaire, au moins pour un temps?... Et vous
prétendez savoir qu'il existe des peintres? Vous ad-
mettez l'existence de cette espèce condamnée? Vous
croyez qu'il est au monde un art, autre que celui de tirer
au flanc? Ah! interprète, mon ami, mon devoir serait
de vous boucler, mais, hélas! je ne suis qu'un peintre:
laissez-moi vous serrer la main.

Et il raconta sa visite après blessure, au bureau du
personnel du ministère de la Guerre: un vieux colonel
l'y avait pris en amitié et cherchait à le caser.

— Quelle est votre profession, dans la vie civile,
capitaine? demanda ce grand chef en remplissant une
fiche.

— Je suis artiste peintre, mon colonel.

— Peintre? fit le colonel, atterré... Peintre!... Ah!
nom de Dieu!

Et, après une minute de réflexion, avec un clin d'œil complice et bienveillant, il ajouta:

— Mettons: néant, n'est-ce pas? Ça vaudra mieux.

Le capitaine Beltara et l'interprète Aurelle devinrent vite inséparables. Ils avaient des goûts communs et des métiers différents: c'est la recette même de l'amitié. Aurelle admirait les croquis où le peintre notait les lignes souples de la campagne flamande; Beltara jugeait avec indulgence les rimes assez pauvres du jeune homme.

— Vous auriez du talent, lui disait-il, si vous n'étiez affligé d'une certaine culture. Il faut qu'un artiste soit un crétin. Les seuls parfaits sont les sculpteurs; les paysagistes viennent ensuite; puis les peintres, en général, puis les musiciens, puis les écrivains. Les critiques ne sont pas bêtes du tout et les hommes vraiment intelligents ne font rien.

— Pourquoi n'y aurait-il pas, mon capitaine, un art de l'intelligence comme de la sensibilité?

— Non, mon ami, non: l'art est un jeu, l'intelligence un métier. Tenez, moi, depuis que je ne touche plus à mes pinceaux, je me surprends parfois à penser: c'est inquiétant.

— Vous devriez faire des portraits ici, mon capitaine: cela ne vous tente pas? Il me semble que ces chairs d'Anglais, si bien colorées· par le soleil et le choix heureux de leurs boissons...

— Eh! oui, mon cher, c'est d'une jolie matière, mais je n'ai pas ce qu'il me faut. Et puis, accepteraient-ils de poser?

— Tant que vous voudrez, mon capitaine; je vous

amènerai demain le petit Dundas, l'aide de camp. Il n'a rien à faire ; il sera enchanté.

Le lendemain, Beltara fit du lieutenant Dundas un croquis aux trois crayons. Le jeune aide de camp posa assez bien : il exigea seulement qu'on lui permît de s'occuper, c'est-à-dire de pousser des cris de chasse à courre, de faire claquer son fouet favori et de parler avec son chien.

— Ah ! dit Aurelle à la fin de la séance, j'aime beaucoup ça... beaucoup vraiment... C'est à peine indiqué... Il n'y a rien, et toute l'Angleterre est là-dedans.

Avec les gestes rituels de l'amateur de tableaux qui caresse d'un mouvement circulaire de la paume des détails excellents, il loua la naïveté et le vide des yeux clairs, le doux éclat du teint et la candeur charmante du sourire.

Cependant, l'éphèbe rose s'était planté devant son portrait, dans la pose classique du joueur de golf, et, tout en frappant de ses bras balancés une balle imaginaire, jugeait cette œuvre d'art avec sincérité :

— *My god!* fit-il... *My god*... Quelle épouvantable chose ! Où diable avez-vous vu, *old man*, que ma culotte de cheval se lace sur le côté ?

— Quelle importance cela a-t-il ? dit Aurelle, agacé.

— Quelle importance ?... *My god!* Aimeriez-vous être peint avec votre nez derrière l'oreille ?... *My god!* Cela me ressemble à peu près autant qu'à Lloyd George...

— La ressemblance est une qualité bien secondaire, dit Aurelle, méprisant ; ce qui est intéressant, ce n'est pas l'individu, c'est le type, c'est la synthèse de toute une race et de toute une classe. Un beau portrait, c'est de la littérature. Ce qui fait la valeur des maîtres espagnols...

— Au temps où je mangeais de la vache enragée dans mon Midi natal, dit le peintre, je faisais pour cinq louis des portraits de femmes de négociants. Quand j'avais fini, la famille se réunissait pour un vernissage intime. "Hé oui! disait le mari... Ce n'est pas si mal... Mais la ressemblance, hé? Vous la mettez après? — La ressemblance?... répondais-je, indigné... La ressemblance? Moi, monsieur, je suis le peintre de l'idéal; je ne peins pas votre femme comme elle est, je la peins comme elle devrait être... Votre femme, vous la voyez tous les jours, elle ne peut pas vous intéresser. Mais mon tableau... ah! mon tableau, vous n'avez jamais rien vu de pareil."

Et le négociant, convaincu, s'en allait, répétant dans tous les cafés de la Cannebière: "Beltara, mon bon, c'est le peintre de l'idéal: il ne peint pas ma femme comme elle est, il la peint comme elle devrait être."

— *Well*, interrompit le jeune lieutenant Dundas, si vous vouliez faire lacer mes *breeches* devant, je vous serais bien reconnaissant. J'ai l'air d'un damné fou ainsi.

La semaine suivante, Beltara, qui s'était procuré des couleurs, fit de bonnes études à l'huile du colonel Parker et du major Knight. Le major, qui était gros, trouva son embonpoint exagéré.

— Oui, dit le peintre, mais avec le vernis...

Et, d'un geste de ses mains qui se rapprochaient, il ramena ce ventre à des dimensions normales.

Le colonel, qui était maigre, aurait voulu qu'on le rembourrât.

— Oui, dit Beltara, mais avec le vernis...

Et ses mains, s'écartant lentement, promirent des dilatations surprenantes.

Ayant repris goût à son métier, il essaya quelques-uns des plus beaux types de la division. Ses portraits connurent des fortunes diverses, chaque modèle jugeant le sien médiocre et ceux des autres excellents.

Le commandant de l'escadron divisionnaire trouva ses bottes mal astiquées, le chef du génie releva sévèrement des erreurs graves dans l'ordre de ses rubans : la Légion d'honneur, ordre étranger, ne pouvant précéder le Bain, et le Soleil Levant du Japon devant suivre la Valeur italienne.

Le seul éloge sans réserves vint du sergent-major qui servait de secrétaire au général Bramble. C'était un vieux guerrier chevronné que surmontaient trois cheveux rouges dressés sur une tête faunesque.

Il avait la respectueuse familiarité du subalterne qui se sait indispensable, et venait, à toute heure du jour, critiquer les travaux du capitaine français.

— *That's fine, sir*, disait-il, *that's fine*...

Et, au bout de quelque temps, il demanda à Aurelle "si le capitaine consentirait à prendre sa photographie." La requête fut bien accueillie, cette torche vivante ayant tenté le peintre, qui fit du sous-officier une caricature bienveillante.

— *Well, sir*, lui dit celui-ci, j'en ai vu beaucoup des photographes comme vous, j'en ai vu beaucoup travailler dans les foires de l'Écosse... mais je n'en ai jamais vu un seul qui livre les portraits aussi vite.

Il informa de ce record le général Bramble, sur lequel il exerçait une autorité respectueuse, mais toute puissante, et le convainquit de venir poser pour le French Liaison Officer.

Le général fut un modèle admirable de discipline. Beltara, qui tenait à le réussir, lui demanda plusieurs séances. Il arrivait ponctuellement, prenait la pose avec une minutie charmante, et quand le peintre avait terminé, disait: *"Thank you,"* avec un sourire, et s'en allait sans ajouter un mot.

— Enfin quoi? disait Beltara à Aurelle. Est-ce que ça l'embête, oui ou non? Il n'est pas venu une seule fois voir ce que je fais... C'est incroyable.

— Il viendra quand vous aurez fini, dit Aurelle; je vous assure qu'il est enchanté et qu'il vous le fera savoir à ce moment.

En effet, après la dernière séance, le peintre ayant dit: "Je vous remercie, *sir;* je crois que maintenant je ne pourrais que l'abîmer," le général descendit avec lenteur de l'estrade, tourna autour du chevalet de son pas le plus solennel et regarda longuement son portrait:

— *Hough!* dit-il enfin.

Et il sortit.

Le docteur O'Grady, qui avait une rare culture artistique, semblait comprendre que l'exacte préséance des décorations n'est pas le seul critérium de la beauté d'un portrait. Beltara, reconnaissant, lui proposa de faire un croquis de lui, et pendant toute la séance, eut plaisir à se trouver d'accord avec le docteur sur toutes choses.

— L'essentiel, disait le peintre, c'est de voir simple. Des indications schématiques... de grandes masses. Il ne s'agit pas de copier la nature avec une exactitude puérile...

— Oh! mais non, disait le docteur, c'est impossible.

— Bien sûr: c'est impossible parce qu'elle comporte une infinité de détails qu'on ne saurait épuiser. Non, ce qu'il faut, c'est en suggérer la présence.

— Oh! mais oui, disait le docteur.

Mais quand il en vint à contempler le visage qui lui était cher, transformé en indications schématiques et en grandes masses, il parut surpris.

— *Well*, dit-il, *of course it's excellent... Oh! it's very, very good...* Mais ne croyez-vous pas que ce soit un peu vieux? Je n'ai pas ces rides au coin de la bouche et mes cheveux ne sont pas si clairsemés.

Il prit à témoin l'aide de camp qui passait:

— Dundas, est-ce que ceci me ressemble?

— Certainement, docteur, plus jeune de dix ans.

Le docteur devint sombre et fit, avec une certaine insistance, l'éloge des maîtres anciens.

— La peinture moderne est trop brutale, prononça-t-il.

— Que diable, dit Aurelle, un grand artiste ne peut pas peindre avec une houppette à poudre.

— C'est vrai, continua-t-il, quand le docteur fut parti d'assez méchante humeur, il est aussi ridicule que les autres. Je trouve son portrait vigoureux et pas du tout rosse, quoi qu'il en dise.

— Asseyez-vous là une minute, mon vieux, lui dit le capitaine-peintre, ça me fera plaisir de travailler d'après un modèle intelligent... Ils voudraient tous avoir l'air de gravures de mode pour tailleurs... Moi, vous comprenez, je ne peux pas sortir de ma nature; je ne peins pas "pommade"; je fais ce que je vois... C'est l'histoire de l'amateur dont parle Diderot, qui demandait un lion à un peintre de fleurs. "Volontiers, dit l'artiste, mais comptez sur un lion qui ressemblera à une rose comme deux gouttes d'eau."

— C'est évident, dit Aurelle. Quand Greuze fit le portrait de Bonaparte, il lui donna le visage de la fillette de la *Cruche cassée*.

La conversation continua longtemps, amicale et technique; Aurelle louait la peinture de Beltara, Beltara disait sa joie d'avoir trouvé un critique aussi fin et qui jugeait les choses en artiste dans ce milieu de Philistins.

— Je préfère vos avis à ceux d'un peintre; ils sont certainement plus sincères... Tournez-vous un peu plus de profil, voulez-vous?... Quelques mois avant la guerre, j'avais, dans mon atelier, deux camarades auxquels je voulais montrer une petite machine destinée au Salon. "Oui, me dit le plus jeune des deux, c'est bien, mais il faudrait une tache claire dans ce coin; tes lumières sont mal balancées. — Tais-toi donc, lui dit l'autre à voix basse, tais-toi, idiot, ça va faire bien."

— Allons, mon vieux, venez voir, je crois qu'on peut laisser cette esquisse comme elle est.

Aurelle vint aux côtés du peintre et regarda, en hochant la tête, le dessin qui le représentait:

— C'est charmant, dit-il enfin, avec un certain embarras, c'est charmant... Il y a des coins délicieux... toute cette nature morte sur la table... on dirait un petit Chardin... Et j'aime beaucoup le fond.

— Eh bien! mon vieux, je suis content que cela vous plaise. Emportez-le et donnez-le à votre femme.

— Euh!... soupira Aurelle... Merci, mon capitaine, vous êtes vraiment trop gentil... Seulement, vous allez trouver ça idiot... mais si c'est pour ma femme, j'aimerais que vous retouchiez un peu le profil... parce que vous comprenez...

Et Beltara, qui était bon homme, orna le visage de son ami du nez grec et de la bouche petite que lui avaient refusés les dieux.

But the glory of the garden lies in more than meets the eye...
KIPLING.

XVI

MAIS LA GLOIRE DU JARDIN...

Un dîner d'adieux fut offert à Aurelle par les officiers de cette division écossaise avec laquelle il avait passé quatre années rudes et vivantes.

Il dut, avant de se mettre à table, boire un cocktail et un sherry, puis encore un vermouth italien, réveillé d'une goutte de gin. Un empressement affectueux et ce mélange de boissons, plus que britannique, lui firent sentir avec délicatesse qu'il était, pour ce dernier soir non plus un membre, mais l'hôte du mess.

— J'espère, lui dit le colonel Parker, que vous ferez honneur à l'éducation que nous vous avons donnée et que vous viderez enfin tout seul votre bouteille de champagne.

— Je vais essayer, colonel, mais j'ai encore beaucoup à apprendre.

— Il est vrai, grommela le colonel, que cette paix arrive mal à propos. Tout commençait à s'organiser. Je venais d'acheter un cinéma pour nos hommes; nos artilleurs travaillaient de mieux en mieux; j'avais des chances de devenir général et Dundas m'apprenait le *jazz*. Et voilà les politiciens qui font la paix et Clemenceau qui démobilise Aurelle! Ah! la vie n'est qu'une damnée chose après l'autre.

— Oui, messiou, soupira le général Bramble, c'est triste de vous voir partir; restez encore huit jours avec nous.

— Je regrette, *sir*, mais je suis démobilisable avec le troisième échelon et j'ai mon ordre de transport en poche : je dois me présenter demain à Montreuil-sur-Mer, d'où l'on m'enverra à Arras, d'où l'on m'expédiera à Versailles, d'où je rentrerai à Paris, si je survis à ce circuit... Je resterais bien volontiers, mais je dois suivre le sort de ma classe, ainsi que disent, non sans grandeur, les militaires.

— Pourquoi, dit le colonel Parker, s'obstiner à renvoyer des soldats dont les civils redoutent le retour et qui sont nécessaires au confort des officiers supérieurs ? ... Nous autres, Anglais, nous avions adopté pour notre démobilisation, un projet plus intelligent. Les hommes, classés par professions, partaient seulement le jour où des ouvriers de leur métier manquaient en Angleterre. Ainsi, nous devions éviter le chômage. Un gros volume expliquait, avec clarté, tous les détails : c'était vraiment très bien... *Well*, au jour de l'application, cela a marché aussi mal que possible. Tout le monde s'est plaint, nous avons eu de petites émeutes, les journaux les ont dramatisées et, après quelques semaines d'essais, nous en sommes revenus, Aurelle, à votre système des classes qui est égalitaire et imbécile.

— C'était facile à prévoir, dit le docteur : tout règlement qui néglige la nature humaine périra. L'homme, qui est un animal absurde et passionné, ne peut se complaire dans un système intelligent. Pour qu'une loi soit acceptée par le plus grand nombre, il est nécessaire qu'elle soit injuste. La démobilisation française est inepte, c'est pourquoi elle est excellente.

— Docteur, dit le général, je ne veux pas que vous disiez que la méthode française est inepte : c'est le dernier soir que messiou passe avec nous, laissez-le tranquille.

— Cela n'a aucune importance, *sir*, dit Aurelle: ils n'y comprennent rien, ni l'un ni l'autre. Il est certain qu'en France, en dépit de décrets et de circulaires absurdes, tout va plutôt mieux qu'ailleurs. Mais ce n'est pas parce que nos lois sont injustes, c'est parce que personne ne les prend au sérieux. En Angleterre, votre faiblesse, c'est que, si l'on vous ordonne de démobiliser les hommes par classes, vous le ferez. Chez nous, on le dit, mais par des sursis, par des passe-droits, par mille injustices assez justes, on s'arrange pour ne pas le faire. Un bureaucrate barbare a voulu que l'interprète Aurelle, pour se faire démobiliser, eût à parcourir le circuit Montreuil-Arras-Versailles, dans un wagon à bestiaux. C'est inutile et vexatoire. Mais croyez-vous que je le ferai? Jamais. J'irai tranquillement demain matin, à Paris, par le rapide, et j'y montrerai un papier couvert de cachets à un scribe du G.M.P. qui, après quelques plaintes désabusées, me démobilisera en maugréant. Le grand principe de notre droit public, c'est que nul n'est censé respecter la loi.

— *Hough!* fit le général suffoqué.

— Docteur, dit le colonel Parker, versez du champagne à messiou, il est trop lucide.

Des départs de bouchons se firent entendre aussitôt sur un rythme rapide de mitrailleuses en action. Le colonel Parker commença un discours sur les charmes des femmes birmanes, si aimables et si douces; le docteur, pour des raisons techniques, leur préférait les Japonaises.

— Les Françaises aussi sont très belles, dit le général

Bramble, poliment, car il n'oubliait pas que ce dîner était le repas d'adieux offert à l'interprète Aurelle.

Quand les ordonnances mirent le porto sur la table, il frappa deux coups secs du manche de son couteau et dit avec un mélange plaisant de solennité et de bonhomie:

— Et maintenant, *gentlemen*, puisque notre ami nous quitte après avoir, pendant quatre ans, représenté son pays parmi nous, je vous propose de boire à sa santé avec les honneurs musicaux.

Tous les officiers se levèrent, leur verre à la main; Aurelle allait les imiter, quand le colonel Parker le foudroya d'un: "Assis, messiou, pour l'amour de Dieu!" Et l'état-major de la division écossaise chanta avec un grand sérieux, les yeux fixés sur ceux du jeune Français:

> *For he is a jolly good fellow,*
> *And so say all of us...*

> Car c'est un joliment bon garçon
> Et tous nous le disons...

Aurelle, très ému, regardait ces visages amicaux et pensait avec tristesse qu'il allait quitter, pour toujours, ce petit univers. Le général Bramble, avec une extrême gravité, se tenait au garde à vous et chantait, comme à son banc d'église:

> *For he is a jolly good fellow,*
> *And so say all of us...*

Des hourras suivirent, les coupes furent vidées d'un trait et le jeune aide de camp aux joues roses cria:

— *Speech*, messiou, *speech!*

— Allons, Aurelle, appuya le colonel Parker, allons, vous ne vous en tirerez pas à si bon compte; il faut vous dresser sur vos pattes de derrière, *my boy*, et faire votre compliment.

À dix heures, l'aide de camp prépara un *whisky and soda* pour son général. Un silence suivit. Dans la cuisine proche, on entendit les ordonnances chanter, comme chaque soir, les vieux refrains de la guerre, depuis *Tipperary* jusqu'aux *Yanks are coming*.

C'était un beau chœur grave auquel les officiers se joignirent inconsciemment.

Les chants excitèrent l'éphèbe rose qui se mit à pousser des cris de chasse à courre en faisant claquer un fouet qu'il avait décroché; le docteur trouva sur une cheminée, une cloche de vache suisse, qu'il agita; le colonel Parker prit les pincettes et commença sur le tablier de la cheminée, un *fox trot* échevelé que le général, de son fauteuil, accompagna en sifflant béatement.

De la fin de cette soirée, Aurelle ne conserva qu'un souvenir confus. Vers une heure du matin, assis à la turque sur le plancher, il buvait de la bière forte aux côtés d'un petit major qui lui expliquait avoir rencontré, à Port-Saïd, la femme la plus respectable qu'il eût jamais connue.

Cependant, le colonel Parker répétait: "Aurelle, *my boy*, n'oubliez pas que si les Anglais peuvent se permettre de faire ainsi les fous, c'est parce que l'Angleterre est diablement sérieuse" et le docteur O'Grady, qui avait la bière sentimentale, chantait, avec des larmes dans la voix, cette chanson de son pays:

La mer est large et profonde
Entre moi et mon amour;
L'air brûle et le canon gronde
Entre moi et mon amour.

Que m'importe la mitraille!
Je veux revoir mon amour.
Que m'importe la bataille!
Je veux revoir mon amour.

Si je manque de courage,
Qu'en pensera mon amour?
Si je m'enfuis au village,
Qu'en pensera mon amour?

Si je meurs de mort guerrière,
Que deviendra mon amour?
Elle en sera triste et fière
Jusqu'à son prochain amour.

Vaut-il mieux être un poltron
Vivant, ou un héros mort?
— Il vaut mieux dormir, garçon,
A dit le sergent-major.

XVII

LE RETOUR DU COLONEL PARKER

Stapleton Hall,
Stapleton, Kent.
Avril 1920.

My Dear Aurelle,

Beaucoup d'eau a passé sous le pont depuis votre dernière lettre, et je suis devenu un fermier. En quittant l'État-Major, j'avais pensé à rejoindre mon régiment, mais c'était difficile, parce que mon bataillon est plein d'anciens généraux qui sont maintenant seulement des subalternes.

L'Armée est très mal traitée chez nous. Notre damné Parlement refuse de lui voter des crédits. Il est vrai qu'il lui demande peu de chose: simplement de maintenir l'ordre en Irlande, de garder le Rhin, la Mésopotamie, l'Inde, l'Égypte, la Turquie, la Palestine, la Silésie, le Caucase, et un certain nombre d'autres contrées dont j'ai oublié les noms. Tout ce que je puis dire est: Dieu aide l'Angleterre!

Nous autres fermiers avons aussi grand besoin de Sa Merci. Avril est le mois des semences et le beau temps est nécessaire. Pour mon compte je voulais semer cent acres de pommes de terre, et j'avais fait de grands préparatifs pour mon offensive de printemps. Mais, comme il arrive toujours quand les pauvres Anglais attaquent, la pluie est tombée à seaux dès le premier jour des opérations. L'avance a dû être arrêtée après quelques acres, et l'opinion publique est très inquiète.

Maintenant je réponds à votre lettre; vous vous étonnez de la violence de certains de nos journaux à l'égard de la France et vous me demandez ce que pense de tout cela le citoyen britannique moyen?

My dear Aurelle, je vous ai souvent prié de ne pas confondre les Anglais avec leurs damnés Puritains. Il a toujours existé dans ce pays un certain nombre d'hommes qui ont fait de leur mieux pour détruire la force et la réputation de notre Empire[1]. Jusqu'au temps de la bonne reine Élisabeth, ces coquins ont été tenus à leur place, et j'ai souvent regretté de n'être pas né à cette époque. Depuis lors l'élément puritain a fait voir en toute occasion son étroitesse d'esprit et sa haine de tout ce qui est beau et joyeux. Les Puritains préfèrent leurs opinions à leur pays, ce qui pour moi est l'hérésie très abominable. Ils nous ont fomenté la guerre civile au temps des Stuarts; ils ont aidé les rebelles pendant la guerre américaine d'Indépendance, et les Français pendant leur Révolution. Ils étaient "pro-Boers" pendant la guerre Sud-Africaine, "conscientious objectors" pendant celle-ci; ils soutiennent maintenant les assassins républicains d'Irlande et font de leur mieux pour créer des difficultés entre la France et nous.

Mais il ne faut pas oublier que l'indifférence et la superbe ignorance de notre race rendent ces pédants inoffensifs.

Vous me demandez ce que pense de tout cela le citoyen britannique moyen? Je vais vous le dire.

[1] C'est un Anglais qui parle.

Ce qui intéresse le citoyen Britannique c'est le match Angleterre-Écosse qui se jouera samedi prochain à Twickenham; c'est le "Grand National" qui sera couru la semaine prochaine à Liverpool; c'est le divorce de Mrs Bamberger qui remplit les colonnes des journaux.

Ce que le citoyen britannique pense de tout cela? *Well*, il est parti pour cette guerre sans avoir compris quelle en était la cause; il est revenu sans avoir recueilli des renseignements plus précis. En fait, il commence à se demander qui l'a gagnée. Vous dites que c'est Foch, et nous ne demandons qu'à vous croire; pourtant il nous semble que notre armée a bien joué un petit rôle. Les Italiens disent qu'ils ont frappé le coup décisif; les Serbes et les Portugais aussi. Les Américains arborent à leurs boutonnières de petits insignes qui proclament: "C'est nous!" Ludendorf prétend que l'armée allemande sort en triomphatrice de cette aventure. Je commence à me demander si ce n'est pas moi qui ai gagné la guerre. À la vérité j'incline à croire que c'est vous. Car vous teniez l'Enfant Dundas tranquille; si vous ne l'aviez occupé, il aurait empêché le général Bramble de se reposer, le général aurait été nerveux au moment de l'attaque d'avril 18, et tout aurait été perdu.

Quant à la politique internationale, je vous avoue que j'y pense peu. J'observe l'esprit bucolique et remarque non sans anxiété que le paysan n'est pas sans ressembler à la betterave qu'il cultive avec tant d'assiduité. J'espère que je ne vais pas, moi aussi, tourner au légume. Ce matin même je suis très occupé de ma truie favorite qui vient de mettre au monde douze petits. Elle en a aussitôt écrasé un, ce qui prouve que le roi Salomon n'était pas, en somme, un juge bien compétent.

Well, *my boy*, portez-vous bien; lisez Jorrocks; tâchez de conserver un sens de l'*humour*; et si vous montez encore à cheval, ne tirez pas trop sur vos rênes. Adieu. En essayant de vous écrire en français, je crois que j'ai osé grandement.

The cymbals crash
And the dancers walk
With long silk stockings
And arms of chalk,
Butterfly skirts
And white breasts bare;
And shadows of dead men
Watching them there.
ALFRED NOYES.

XVIII

LE RETOUR DU GÉNÉRAL BRAMBLE

— Regardez, mon cher, ces jolies femmes, ces jambes
gaînées de soie, ces lumières... Est-ce assez "avant-
guerre," croyez-vous?... Est-ce assez la vie qui re-
commence, il y a cinq ans?... Cinq mesures pour rien,
mon ami, et l'allegro succède à l'andante.

Le peintre Beltara, capitaine défroqué, avait invité
Aurelle à passer la soirée dans son atelier pour y rencontrer le général Bramble qui, se rendant à Constantinople, traversait Paris avec son aide de camp et le
docteur O'Grady.

Assis au bord d'un divan aux coussins multicolores,
le général regardait avec émotion l'esquisse d'un corps
de femme. Les masques grecs, les guerriers étrusques,
les scribes égyptiens qui l'entouraient avaient la beauté
spirituelle et rare des choses mutilées, et Aurelle, con-
templant son vieux chef immobile parmi les statues,
accrochait à son silence le souvenir de ses vertus.

— *Hough!* dit enfin le général, cette *lady* a de belles
épaules... de belles épaules, réellement... Vous avez

un métier agréable, Beltara!... Combien de tableaux peignez-vous par an?

— Soixante-sept, *sir*, dit le peintre, bien dressé pendant l'armistice.

Et il présenta au général son beau-frère, le lieutenant Vincent, artilleur au franc visage. Le général, fixant celui-ci de ses yeux clairs, parla de la France et de l'Angleterre, blâma les marchandages des politiciens. Des femmes l'entourèrent. Vincent, que cette scène semblait irriter, entraîna Aurelle vers un coin de l'atelier, où le moulage d'une Cariatide géante leur offrit un abri.

— Ah! ces Anglais! dit-il... Une cigarette?...

— Quoi? dit Aurelle. Ne trouvez-vous pas notre vieux Bramble délicieux?

— Ou...i, fit l'autre avec réticence; j'aimerais mieux qu'il fût moins charmant et que son pays nous traitât mieux... Cette politique de l'Angleterre!... Ce mélange de sermons altruistes pour notre usage et d'impérialisme égoïste pour leur compte!... Sont-ils sincères? Peuvent-ils l'être?

— La loyauté, dit Aurelle doucement, leur est aussi indispensable que l'air qu'ils respirent, la viande qu'ils mangent et la balle qu'ils frappent.

— Je ne demande qu'à le croire, dit Vincent bourru, mais que ne mettent-ils leurs actes en accord avec leurs discours?

À ce moment, le docteur O'Grady émergea de l'ombre de la Cariatide.

— Excusez-moi, dit-il, de me mêler à cette conversation, mais il y a des erreurs qu'on ne saurait supporter. Pourquoi voulez-vous qu'un Anglais agisse d'après ses discours? Il n'en éprouve ni le désir ni le besoin. Et

moi, Irlandais impartial, je lui donne sur ce point l'abso-
lution. Instruit dès l'école dans les préjugés qui devront
guider sa vie, il considère, à juste titre, le jeu des idées
comme une acrobatie spirituelle. Il aime le paradoxe
parce que c'est un record. Il pousse les doctrines
jusqu'à l'absurde comme il mène son cheval sur les
haies les plus dures. Mais dès qu'il faut agir, il se laisse
diriger par ses réflexes naturels, c'est-à-dire qu'il ne
peut voir une balle sans taper dessus, une île sans y
planter son drapeau.

— C'est à peu près cela, dit Aurelle en souriant, mais
c'est aussi plus beau et plus aimable. L'idéalisme anglo-
saxon n'est pas hypocrite; il est sincère. Il l'est
d'autant plus qu'il est en l'air: C'est une chanson.
John Bull aime le chant des oiseaux, et il adore tuer les
oiseaux. Il aime de tout son cœur la chanson pacifique;
il chante à pleine voix le psaume puritain. Mais il juge
si souhaitable l'état de sujet britannique que la con-
quête à ses yeux devient apostolat dès qu'elle est faite
par ses armes. Lord Grey, "Parsifal égaré dans une
partie de poker," joue, dans la comédie britannique, le
rôle poétique et futile d'Ariel.

— Cela est fort bien, dit Vincent, mais ils chantent,
et nous payons.

— Monsieur, dit le docteur gravement, le physicien
Einstein, regardant un ouvrier tomber du sixième étage,
se demanda avec anxiété: "Est-ce le couvreur qui
tombe ou la maison qui monte?" Et il conclut, après
de longues méditations, que la question ne comportait
pas une réponse certaine. Car il n'y a pas une vérité
absolue en un réel objectif, mais une vérité de chaque
observateur qui dépend des mouvements de son obser-

vatoire. De même quand deux gouvernements disent l'un blanc et l'autre noir, il est puéril de croire que l'un a raison et que l'autre a tort. La France et l'Angleterre ont toutes deux raison, mais leur "point de vue" n'est pas le même et leurs vérités sont contradictoires. Ce qui pourrait être embarrassant si l'honneur ne commandait à chacun de nous d'affirmer comme seule intelligible la mécanique de son observatoire. Il n'y a de vérité que nationale.

— Voilà bien de la métaphysique, dit Vincent, mais dans cette affaire de Silésie...

Depuis quelques minutes l'Enfant Dundas écoutait cette conversation avec difficulté et ennui.

— On parle toujours de cette Silésie, dit-il en bâillant, qu'est-ce que c'est?

Vincent, ouvrant les bras d'un geste découragé, alla se mettre au piano et joua une phrase longue et triste de Borodine, celle que chante une femme étendue avant les danses du prince Igor. Devant les yeux d'Aurelle, des paysages du Nord, des prairies boueuses, des visages sanglants vinrent se mêler aux épaules nues des femmes et aux soies brodées de l'atelier.

— Ah! docteur! dit-il, restons des mousquetaires!

— C'est difficile, dit le docteur, il faudrait que cette damnée paix fût finie.

— Vous êtes odieux, docteur, dit Beltara... Voulez-vous boire un *whisky and soda*, au lieu de blasphémer?

— Comment? dit joyeusement le général Bramble qui s'était approché. Vous avez du whisky chez vous, dans une maison française?

— Je suis heureux de voir, dit le docteur, que cette guerre a tout de même servi à quelque chose. Votre whisky, Beltara, me rassure sur l'avenir de la Ligue des Nations. La fureur guerrière n'est qu'une neurasthénie collective. Les peuples, comme les hommes, sont parfois atteints du délire de la persécution. Les remèdes sont le calme, le silence, une grande politesse, des boissons et des chansons communes. Les signes extérieurs de l'amitié sont l'essence même de l'amitié : ils suffisent à la créer. L'Église, toujours si sage et si humaine, attache plus d'importance aux œuvres qu'à la foi. Les gouvernements...

— Ah! Beltara, interrompit le général... Ce docteur n'a pas appris à se taire. Demandez à votre ami de jouer *Destiny Waltz...* pour messiou.

Une fois encore, la valse lente évoqua les dures années dont l'amitié faisait le souvenir assez doux.

— Aurelle, vous souvenez-vous de Marguerite à Amiens, et des deux petites chanteuses de Poperinghe que j'appelais Vaseline et Glycérine? Elles chantaient des chansons anglaises sans les comprendre, avec l'accent le plus drôle du monde.

— Et les jolies filles du cabaretier d'Oustersteene, Aurelle, les avez-vous revues?

— Dieu sait où elles sont, *sir*, Oustersteene n'est pas encore rebâti.

— Vous n'avez pas été à Salonique? demanda Beltara. Là, c'était Mirka.

Cependant, l'Enfant Dundas ayant découvert que le lieutenant Vincent jouait au tennis, s'était pris pour lui d'une vive amitié.

Saisissant une palette, il expliqua des coups : "*Look here, old man*, si vous faites un service droit coupé, votre balle tourne de droite à gauche, n'est-ce pas?"

Vincent, d'abord un peu froid, cédait après tant d'autres au charme de la Nation heureuse. Bientôt des cris de chasse à courre éclatèrent dans l'atelier. Un scribe accroupi reçut une orange qui tournait de gauche à droite.

Le général Bramble tira sa montre et rappela qu'il devait prendre l'Express-Orient. Beltara l'escorta jusqu'à la porte. Aurelle, Vincent et l'Enfant suivirent.

— J'aime ce boy Vinn-cennt, disait le général à son hôte. C'est un splendide garçon. Splendide vraiment. Quand je l'ai vu entrer, j'ai cru qu'il était Anglais.

Aurelle souhaita bon voyage.

— *Well*, *good bye*, Dundas. Ce fut très plaisant de vous revoir. Vous devez être content d'aller à Constantinople; je vous envie.

— Oui, dit l'Enfant, je suis content, parce que le général qui était là avant nous, laisse une maison tout à fait installée à l'anglaise avec un bain et un tennis. Alors, comme j'ai commencé à travailler un service pardessus la tête, je ne serai pas interrompu. C'est agréable."

Des *good bye* des *good luck* se croisèrent. Les étoiles brillaient dans un ciel sans lune. Sur le pavé de l'avenue, on entendit l'aide de camp changer de pas pour prendre celui de son général. La porte se referma.

Dans la galerie, devant les guerriers de bronze vert aux larges yeux sans pupille, les trois Français se regardèrent, et un même sourire amical souleva les coins de leurs bouches.

NOTES

P. 1. **Ordonnance**, soldat qui sert de domestique à un officier.

fourneau (*m.*), petite construction en maçonnerie ou en briques, ou même en fer, pour préparer la nourriture.

P. 2. **cirage** (*m.*), substance pour faire briller les souliers.

aux prises avec, en face de.

incommode, pas facile.

Q.G., Quartier général.

navré, désolé.

baldaquin (*m.*), espèce de dais au-dessus d'un lit.

Aubusson, ville de France où l'on fabrique des tapis magnifiques. Un boudoir en Aubusson c'est à dire un boudoir avec des tapisseries et des tapis d'Aubusson.

P. 3. **goguenard**, qui se moque—qui dit des plaisanteries.

tilleul (*m.*), un arbre qui borde les routes, et dont la fleur a des propriétés médicinales.

piquet (*m.*), morceau de bois ou de fer enfoncé dans la terre qui retient une corde ou une chaîne à laquelle on attache les bestiaux.

vitre (*f.*), morceau de verre que l'on met aux fenêtres ou aux pavillons.

allures de, ressemblance avec.

P. 4. **déguerpir**, s'en aller.

faire demi-tour, se retourner complètement.

refouler sur l'arrière, renvoyer derrière les lignes.

P. 5. **potager** (*m.*), le jardin potager, celui où poussent les légumes et les fruits.

au ras des, en ligne avec—au niveau de.

P. 6. **gênant**, embarrassant.

P. 7. **forain**, marchand forain. Commerçant qui va de ville en ville, de village en village pour vendre ses marchandises, qui suit les foires (forain) et marchés.

P. 8. **malsain**, dangereux—le contraire de sain et sauf.

relève (*f.*), le jour où les sentinelles étaient changées, où les troupes dans les tranchées étaient remplacées par d'autres.

remblai (*m.*), travail de terre préparé pour placer les rails du chemin de fer.

me repérer, reconnaître l'endroit où je me trouvais.

P. 9. **mise en scène**, description exacte, si exacte qu'on pourrait la peindre et en faire une scène pour théâtre.

à propos, maintenant—pour parler d'autres choses.

bréviaire (*m.*), livre de prières que les prêtres de l'église romaine doivent lire une fois tous les jours.

P. 10. **cauchemar** (*m.*), un mauvais rêve.

P. 11. **atterré**, frappé d'étonnement au point d'en tomber par terre.

appui (*m.*), aide—assistance. (Du verbe *appuyer*.)

flâner, se promener sans but—errer au hasard.

P. 12. **sans dessein**, sans intention—sans un plan fixé.

chenille (*f.*), larve des lépidoptères ou papillons.

demoiselle (*f.*), insecte névroptère, aux brillantes couleurs sur de grandes ailes.

P. 13. **joufflu**, avec de grosses joues, comme celles d'un bébé.

chasse à courre, du verbe *courir*. Chasse qui se fait avec des chiens courants et à cheval. On chasse à courre, au cerf, au renard, etc.

des romans jaunes, des livres à couverture jaune comme presque tous ceux que l'on vend en France.

P. 14. **Alexandre Dumas** (1802–1870), romancier du dix-neuvième siècle, l'auteur des *Trois Mousquetaires*, du *Comte de Monte Cristo* et de beaucoup d'autres romans historiques.

Alphonse Daudet (1840–1897), romancier du dix-neuvième siècle. Il a écrit *Sapho*—*Jack*—*Les Tartarins*, etc.

P. 15. **râtissées**, en bon ordre—bien arrangées—comme on arrange un jardin avec un râteau.

se parer, se faire belle.

annonce (*f.*), une demande faite par l'intermédiaire des journaux, dans la colonne des annonces.

P. 16. **étouffaient**, manquaient d'air.

P. 17. **bedonnant**, avec un gros ventre.

P. 18. **amarrer**, attacher un bateau au rivage avec un câble.

saule (*m.*), un arbre qui croît généralement dans les prés humides et qui borde les ruisseaux.

émoi (*m.*), émotion.

P. 19. crépie à la chaux, couverte d'une substance blanche avec laquelle on fait le mortier.

enduit (*m.*), couverture.

Mme de Staël (1766–1817), femme auteur du commencement du dix-neuvième siècle. C'était la fille de Necker, un des ministres de Louis XVI. Elle a écrit *De l'Allemagne*, que Napoléon n'aima pas, *Delphine*, et *Corinne*.

éphèbe (*m.*), c'est ainsi que les Grecs appelaient leurs garçons lorsqu'ils arrivaient à l'âge d'homme.

P. 20. qu'elle ne s'éprenne, qu'elle ne devienne amoureuse; du verbe *s'éprendre*.

gendre (*m.*), celui qui épouse sa fille.

Courbet (1827–1885), amiral français qui commandait les forces navales pendant l'expédition du Tonkin (1883–1885).

P. 21. caniche et barbet, deux espèces de chiens qu'on trouve beaucoup en France, et qui sont très longs et très bas sur leurs pattes.

voyou (*m.*), élevé et habitué dans la rue. Ce mot s'emploie plus souvent pour désigner ces jeunes garçons que des parents dénaturés ont mis à la rue pour s'y élever comme ils pourront. (Vulgaire.)

débraillé, en mauvais état.

pansant, prenant soin de ses blessures.

P. 22. picarde, de Picardie. La Picardie est une province située au nord-ouest de la France. Les troupes anglaises y séjournèrent pendant une grande partie de la guerre de 1914–1918.

Lénine, l'un des inspirateurs de la Révolution russe qui commença en Mars 1917. Après l'abdication de Nicolas II et la chute de Kerensky c'est Lénine qui, le 7 novembre 1917, fit triompher le bolchévisme en Russie.

à la solde de, payé par.

P. 23. meute (*f.*), troupe de chiens dressés pour la grande chasse. On dit aussi "la meute des loups."

s'ébroua, secoua vivement la tête pour se débarrasser de l'eau qui venait d'être vidée dessus.

narguant, riant avec dédain.

P. 24. **grégaire,** qui a vécu en troupes, comme les chiens, les moutons, etc.

P. 25. **chapeau melon,** un chapeau qui a la forme d'un melon.

P. 26. **trapu,** gros et court—solide et bien bâti.

roublard, individu très rusé, habile et malin.

astiquage (*m.*), la préparation et le nettoyage des vêtements et des armes.

P. 27. **corvée** (*f.*), travail supplémentaire, tel que le nettoyage des cours et des chambres de la caserne. Avant la Révolution française de 1789, les corvées étaient les journées de travail gratuit que les vassaux devaient tous les mois à leur seigneur.

un blanc-bec (*m.*), un homme dont la lèvre supérieure n'est pas encore ornée d'une moustache. (Terme de dédain.)

chevrons (*m.*), bandes de laine ou d'or qui sur la manche gauche des militaires représentent leurs années de campagne.

qui s'y connaissait en grimaces, qu'on ne pouvait pas tromper—qui était trop habile, trop rusé.

P. 28. **au pis aller,** en mettant les choses au plus mal.

tuyau (*m.*), la bonne idée.

boniment à moitié cuit, un discours insuffisamment préparé.

P. 29. **épaté,** étonné—pris par surprise.

fourré, placé—mis. (Expression vulgaire.)

P. 30. **picorer,** ramasser à droite et à gauche de tous côtés, comme les poules font de leur nourriture.

plein le dos, suffisamment—assez.

il avait du service. Il était au courant de tout ce qui concernait le service—il savait lire ses hommes.

P. 31. **hébété,** étonné au point de ne plus savoir ce qu'on fait.

P. 32. **à fond,** complètement—de haut en bas.

agnostique, sans doctrine religieuse ou philosophique.

P. 33. **cannelle râpée,** écorce odoriférante d'une espèce de laurier qui vient des Indes. Réduite en poudre (râpée) et mélangée au lait chaud elle a la propriété de guérir le rhume.

grippe (*f.*), influenza.

P. 34. **bourgade** (*f.*), petit village.

P. 35. **bavardage**, causerie inutile et sans but.

révolouçaoung, révolution.

gaspillage d'énergie, dépense inutile d'énergie.

niveler, mettre sur la même ligne, au même niveau.

à forfait, pour un prix déterminé sans s'occuper de perte, ni de gain.

P. 36. **celle de 70**, la campagne de 1870–1871 entre la France et la Prusse, et qui se termina en une victoire complète pour la Prusse. La France perdait l'Alsace et une partie de la Lorraine. L'empire allemand était fondé.

P. 37. **d'une voix tonitruante**, d'une voix qui imitait le bruit du tonnerre.

Robert le Diable, un opéra de Meyerbeer qui parut en 1831.

le pharmacien Bézuquet, un des personnages de *Tartarin de Tarascon* par Alphonse Daudet.

Salammbô, un des romans les plus fameux de Gustave Flaubert (1821–1880). Hamilcar et Matho sont deux personnages de cette œuvre remarquable.

P. 38. **bleuté**, d'une couleur bleue.

arpentait, marchait de long en large.

P. 39. **au garde à vous**, position verticale occupée par le soldat français lorsqu'il parle à un officier.

fendre l'oreille, mettre à la retraite avant l'âge.

P. 40. **grelottant**, tremblant de froid.

chiné, avec des dessins en laine.

abattoirs, la place où l'on tue les animaux pour la boucherie.

P. 41. **ravitaillement** (*m.*), approvisionnement.

contremaître (*m.*), celui qui transmet aux ouvriers les ordres du patron, et qui les dirige.

triés, choisis.

il débordait de bonne volonté, il avait de la bonne volonté en excès.

étaient ivres-morts, ils avaient tant bu qu'ils étaient incapables de mouvements—comme morts.

P. 42. **remorqueurs** (*m.*), les petits bateaux à vapeur qui aident les gros bateaux à entrer dans les ports.

vie grouillante, la vie animée—surexcitée—causée par le grand nombre de personnes à bord.

l'ingénieur des ponts et chaussées, l'ingénieur civil, celui qui s'occupe de l'entretien des routes et des ponts.

camions (*m.*), grosses voitures automobiles.

P. 43. **un vent du large,** un vent qui soufflait de la haute mer.

entasser, mettre les uns sur les autres—en tas.

besogne (*f.*), le travail.

faire rompre les hommes, renvoyer les hommes, le travail fini.

permuter, changer de place.

P. 44. **tout en coltinant,** en travaillant dur à décharger les bateaux.

sur le pouce, debout—sans s'arrêter.

P. 45. **commode,** facile—agréable.

un soldat dans chaque pouce de sa personne, un soldat jusqu'au bout des ongles, de la tête aux pieds.

P. 46. **Saint Simon** (1685–1755), grand seigneur écrivain de la fin du dix-septième siècle et du commencement du dix-huitième. Il a laissé des *Mémoires*.

sous-préfecture (*f.*), la résidence dans chaque ville du sous-préfet, ou agent représentant le gouvernement de la République.

P. 47. **le ci-devant hôtel Vauclère,** l'hôtel qui autrefois avait été la résidence des de Vauclère. Le mot *ci-devant* (d'autrefois) était employé sous la Révolution pour désigner les Aristocrates.

favoris (*m.*), poils de barbe qu'on laisse pousser de chaque côté de la figure, sur les joues.

guêtrés, recouverts d'une enveloppe de drap gris.

l'escadrille des Cigognes, groupe d'aéroplanes qui par leur forme ressemblent assez aux grands oiseaux qu'on appelle les cigognes.

tournedos aux pommes, filet de bœuf coupé en petites tranches et préparé avec des pommes de terre.

P. 48. **blason** (*m.*), les armoiries de la famille de Vauclère, taillées dans la pierre.

Nattier (1685–1766), peintre portraitiste français.

Ney (1769–1815), un des maréchaux de Napoléon Ier surnommé "le brave des braves." Il fut fusillé pour avoir refusé de porter les armes contre son empereur revenu de l'île d'Elbe.

Jean Paillard, un des chefs les plus accomplis du Paris contemporain. Il a donné son nom à un restaurant fort en vogue.

P. 49. **Escoffier**, celui qui fut le chef du roi Édouard VII.

mettre en sursis, relever de ses fonctions momentanément.

gaspillage (*m.*), dépense inutile.

agacé, énervé—ennuyé.

P. 50. **grillés sur braise**, cuits sur des charbons rouges.

piqués, traversés de place en place par de petits morceaux de gras de jambon.

entremets (*m.*), les gâteaux que l'on sert après le rôti.

camembert (*m.*), un fromage fait en France.

estompées, aux couleurs graduées.

P. 51. **des gens tout à fait bien**, des gens fort bien élevés et dont on n'a rien à dire que du bien.

P. 52. **déboucler**, ouvrir.

déballa, sortit du sac. Le contraire est emballer.

acidulés, qui produit un effet analogue à celui d'un acide, du vinaigre par exemple, sur la langue.

P. 53. **Codex**, le livre légal des formules pharmaceutiques.

flûtant, jouant sur la flûte.

perpétuer, faire durer toujours.

P. 54. **je m'en fous**, cela m'est égal. (Expression vulgaire.)

P. 56. **chevronnés**, qui ont déjà fait plusieurs campagnes.

l'ordre dispersé, les soldats sont à quelque distance les uns des autres et sont en ordre dispersé.

formation en masse, les soldats sont rapprochés très près les uns des autres et sont en formation en masse.

prônée, recommandée.

tir au jugé, le soldat juge, décide lui-même de la distance à laquelle il doit tirer.

la marotte, la routine—la manie.

cibles, dans les champs de tir, le carton ou l'obstacle que vise le soldat, s'appelle la cible.

larder, couper—enfoncer la baïonnette.

P. 57. **à nu**, exposées à l'air.

au temps, à refaire—à recommencer.

obusiers, gros canons.

P. 58. **nauséabond**, capable de rendre malade.

à point, excités au suprême degré.

l'Intendance, le commissariat, c'est à dire les bureaux qui, à l'arrière, bien loin des lignes de feu, s'occupent de l'approvisionnement et de l'organisation des troupes.

une échauffourée, une embuscade.

un saillant, une pointe; on a souvent parlé du saillant d'Ypres.

P. 59. **les boyaux**, passages qui servaient de communication entre deux ou plusieurs tranchées.

P. 61. **la détente**, pièce de la batterie d'une arme à feu qui sert à détendre le ressort (Littré).

la jaunisse, maladie qui jaunit la peau. Elle est due à la présence de bile dans le sang.

P. 62. **un mandement**, une lettre envoyée par un évêque dans toutes les paroisses de son diocèse.

essaim, lorsque les abeilles quittent la ruche ils forment un essaim.

un faisceau de lumière, un assemblage de rayons de lumière. (Sens figuré.)

encadrant, formant avec les lumières le contour de l'endroit visé.

P. 63. **une usine**, une manufacture.

apeurées, remplies de peur—effrayées.

P. 64. **la brousse**, endroit inculte.

gargousse (*f*.), enveloppe en cuivre qui contient la charge de poudre d'un canon.

Verlaine (1844–1896), poète symboliste français. Il a écrit les *Poèmes saturniens*, *Sagesse*, *Parallèlement*.

P. 65. **Hermant** (1650–1725), Chanoine de Beauvais, historien ecclésiastique.

la mer déferlante, la mer déferle, quand elle déploie ses lames (vagues) sur les rivages et s'y brise en jetant son écume.

cartésiens, partisan de la doctrine de Descartes (1596–1650), illustre philosophe et savant français. Son grand ouvrage, le *Discours sur la Méthode* est un livre classique, et qui met l'auteur au rang des grands philosophes de tous les temps.

P. 66. **empoignera**, saisira à pleines mains.

pleureuses, figures de pierre qui représentent des femmes qui pleurent.

pervenche, espèce de plante aux petites fleurs bleues.

P. 67. **étape**, la place où les troupes se reposent après une longue marche.

houleuse, agitée par la tempête. Les obus avaient fait tant de trous dans le sol du pays, qu'il ressemblait à une mer démontée.

figée, cette mer démontée avait l'air d'avoir été fixée, figée comme par un refroidissement soudain de la température.

Saint Valéry, petite ville située sur le littoral de la Manche, pas loin de Dieppe.

P. 68. **Koutousoff** (1745–1813), maréchal qui commandait l'armée russe à la bataille de la Moskowa (1812).

Tolstoï, Comte Léon de (1828–1910), célèbre écrivain russe. L'auteur de *Résurrection*, *Anna Karénine*, etc.

robinet (*m.*), petit appareil qu'on ouvre et qu'on ferme à volonté pour laisser passer ou arrêter un liquide, un gaz.

il rendit la main à sa jument, il laissa tomber les rênes sur le cou de la jument.

ghettos, c'étaient au seizième siècle les quartiers juifs dans certaines villes d'Italie. Par dérivation on a donné ce nom aux quartiers insalubres et trop peuplés des villes occidentales modernes.

P. 69. **bouges**, endroits mal fréquentés et par conséquent peu sûrs que l'on trouve dans les ports et dans les grandes villes.

Juvénal (47–130), poète satirique latin.

Tacite (54–117), célèbre historien romain, de l'époque de la décadence. L'auteur des *Annales*, etc.

Trotsky, politicien russe qui, avec Lénine, renversa Kerensky (7 Nov. 1917), et établit le bolchévisme en Russie.

vénielles, de peu d'importance.

mercanti, nom donné aux marchands qui ont profité de la guerre pour faire d'énormes fortunes. (Terme de dédain.)

embusqué, celui qui se fait placer loin de tout travail, loin de tout danger.

enlisé, disparaissant entièrement dans la boue.

93, l'année de la Révolution pendant laquelle fut établie la constitution qui devait régir et régit encore la France.

P. 70. **Soviets**, le parlement bolchévik.

moujiks, paysans russes.

prud'hommesque, sage et prudente.

Pétrograd, le Saint-Pétersbourg d'autrefois.

P. 71. **araignée**, petit animal articulé à huit pattes et sans ailes.

bimanes, animaux à deux mains.

P. 73. **galets**, petits cailloux ronds qui se trouvent en grande quantité sur le bord de la mer.

rouages, ici, connaissances.

P. 74. **vareuse**, veston—costume.

P. 76. **bouffée**, respiration.

troglodyte, habitant des cavernes souterraines.

P. 77. **fait faillite**, n'a pas réussi, manqué de succès. L'expression "faire faillite" est surtout employée en langage commercial. Une maison qui ne fait pas d'affaires et qui suspend ses paiements, "fait faillite."

Cicéron (106 av. J. C.—43), orateur et homme d'état romain. Nommé consul en 63, il fut proscrit par Antoine et mis à mort. Il a laissé de nombreux "Discours," "Un traité de rhétorique et de philosophie," des "Lettres."

désaxé, privé de son axe de rotation; désemparé.

P. 78. **obséquieux**, désireux de plaire à tout le monde.

un barrage de 420, un barrage fait par des canons de 420 millimètres.

P. 79. **tanguer**, danser le tango.

bamboula, la musique qui se joue pendant que dansent les nègres.

se dandine, se balance d'un pied sur l'autre.

danse de Saint-Guy, maladie nerveuse. Ceux qui en ont été atteints font des mouvements rapides et nerveux, longtemps après que la crise est passée.

P. 80. **tirer au flanc**, éviter tout travail, tout danger par tous les moyens possibles.

vous boucler, vous mettre en prison, vous mettre sous les verrous.

à le caser, à lui trouver une situation.

une fiche, une feuille de papier sur laquelle on écrit des notes qu'on veut classer.

P. 81. **néant**, rien du tout.

les croquis, les premiers dessins, ceux d'après lesquels on peut faire de grands tableaux.

un crétin, un ignorant, un homme sans culture.

pinceaux, les petites brosses dont se servent les peintres.

P. 83. **je mangeais de la vache enragée**, une vieille expression française qui signifie, ne pas manger de viande, ni même à sa faim tous les jours. Presque tous les grands hommes de l'histoire ont commencé leur carrière par cette période de lutte, d'abstinence. "Ah le bon temps, disait Napoléon au sommet de sa gloire cependant, où je mangeais de la vache enragée." Par opposition, il y a l'expression "Manger son pain blanc le premier," qui signifie tout le contraire.

Midi, le sud de la France.

vernissage, le jour qui précède l'ouverture d'une exposition de tableaux. Les amis seuls, les intimes, sont admis au vernissage.

la Cannebière, la promenade favorite des habitants de Marseilles, promenade dont ils sont fiers au point de dire: "Si Paris avait la Cannebière, Paris serait un petit Marseilles."

embonpoint, obésité, état d'une personne trop grasse.

P. 84. **qu'on le rembourrât**, qu'on le fît paraître plus gros.

mal astiquées, pas assez brillantes.

P. 85. **minutie** (*f.*), exactitude d'heure et de détails.

est-ce que ça l'embête? est-ce qu'il est ennuyé?—est-ce qu'il n'aime pas mon travail?

l'abîmer, l'endommager—le détériorer.

estrade (*f.*), l'endroit où pose le modèle.

le chevalet, l'instrument sur lequel le peintre met son tableau pour le faire.

P. 86. **si clairsemés,** si peu nombreux.

houppette (*f.*), une touffe de fils de laine ou de soie dont on se sert pour se mettre de la poudre de riz.

rosse, cyniquement ironique.

P. 87. **peindre pommade,** embellir pour faire plaisir aux modèles les portraits que l'on fait d'eux.

Diderot (1713–1784), écrivain et philosophe français. Il conçut l'idée de *L'Encyclopédie* et en dirigea l'exécution.

Greuze (1725–1805), un des peintres le plus appréciés de l'école française du dix-huitième siècle. Ses œuvres "La Cruche cassée," "Innocence," etc., sont connues de tous.

Le Salon, l'endroit à Paris où sont exposées chaque année les nouvelles peintures.

sont mal balancées, ne sont pas en harmonie—ne vont pas les unes avec les autres.

Chardin (1699–1779), peintre français dont les principaux tableaux sont au Louvre.

le fond, l'arrière du tableau, ce qui fait ressortir la peinture.

P. 89. **Clemenceau,** homme politique français, né en 1841. Après une longue carrière politique qui lui avait acquis le nom de "Le tigre" à cause de son irréductible ténacité, il fut nommé ministre de la guerre et président du conseil en 1917. Il fit preuve d'une indomptable énergie et contribua fortement à la victoire des alliés en 1918. "Je fais la guerre," disait-il.

P. 90. **échelon** (*m.*), les degrés d'une série.

Montreuil-sur-mer, petite ville de France située dans le Pas-de-Calais.

Arras, une des villes de France, dans le Pas-de-Calais, les plus éprouvées pendant la guerre.

Versailles, une grande ville près de Paris: fameuse pour le magnifique palais qu'y fit construire Louis XIV. C'est à Versailles qu'est élu tous les sept ans, le président de la République française. C'est aussi à Versailles que fut signé le traité de paix qui mit fin à la Grande Guerre.

le chômage, le fait d'être sans travail.

émeutes (*f.*), des troubles—de petites révolutions.

P. 91. **des passe-droits** (*m.*), faveur accordée contrairement au droit et à la justice.

cachets, empreinte mise au bas d'un document pour en assurer la valeur officielle.

G.M.P., Gouverneur militaire de Paris.

maugréant, en se mettant en colère—en se plaignant.

censé, supposé.

P. 93. vous ne vous en tirerez pas à si bon compte, vous ne nous échapperez pas aussi facilement que vous le voudriez.

P. 97. Foch (Ferdinand), né en 1851. Avant 1914 il était professeur à l'école supérieure de la guerre. Il commandait le 20ᵉ corps, et contribua largement à la victoire de la Marne en 1914. Nommé généralissime des armées alliées en mars 1918, il entreprit l'admirable offensive qui devait décider de la victoire. Il devint Maréchal de France en août 1918.

Ludendorf, chef d'état major de l'armée allemande. Il organisa en 1918 la fameuse offensive qui, croyait-il, devait assurer la victoire à l'Allemagne. Les troupes alliées durent reculer plusieurs fois devant la poussée irrésistible des forces allemandes. Enfin Ludendorf et Hindenbourg furent arrêtés par Foch à la deuxième bataille de la Marne. Le 26 octobre suivant Ludendorf était mis à la retraite.

truie (*f.*), la femelle du cochon.

P. 100. Cariatide (*f.*), statue humaine supportant une corniche.

bourru, en colère—fâché.

que ne mettent-ils, pourquoi ne mettent-ils pas.

P. 102. Borodine (1834–1887), compositeur de musique russe.

P. 103. palette (*f.*), plaque de bois ou de porcelaine sur laquelle les peintres disposent et arrangent leurs couleurs.

A SHORT LIST OF WAR AND MILITARY TERMS TO BE FOUND IN *LES SILENCES DU COLONEL BRAMBLE* AND *LES DISCOURS DU DOCTEUR O'GRADY*

A

abri (*m.*), a dug-out (a room built underground so as to protect occupiers from bombs and shells).

aéro (*m.*), an aeroplane.

allez vous coucher, leave me alone.

Anastasie, censor.

artiflot (*m.*), an artilleryman.

as (*m.*), a distinguished airman.

astiquer, to polish.

avion (*m.*), an aeroplane.

azor (*m.*), knapsack.

B

balancé (bien), as near to perfection as possible.

balle (*f.*), one franc.

ballot (*m.*), a simpleton.

balthazar (*m.*), a feast.

barder (ça va), there is excitement coming.

bardin (*m.*), soldier's personal luggage.

basane (*f.*), cavalry.

baveux (*m.*), newspaper.

becquetance (*f.*), food.

becqueter, to eat.

bégayer, machine-gun shooting.

Bertha (grosse), huge shell fired by the long-distance German guns.

Biffin, infantryman.

Bigre! By Jove!

billard (*m.*), operating table.

bistouille (*f.*), mixture of coffee and brandy.

La Blafarde, the moon.

blaguer, to joke.

blanc-bec (*m.*), a raw recruit.

boche, German.

bocherie, German misdeeds.

Bochie, Germany.

bochisme, German culture.

bochonnerie, poisonous gas.

boîte à pilules (*f.*), pill-box.

bon cent! hang it all!

bouchers noirs, heavy-artillery men.

boucler, to send to the guard-room or to jail.

bouffarde (*f.*), pipe.

bouge (*m.*), disreputable drinking booth.

boule (*f.*), soldier's loaf of bread.

boulot (*m.*), ordinary work.

bourrage de crâne (*m.*), untrue story.

boustiffaille (*f.*), food.

boyau (*m.*), passage joining two trenches.

branche! (ma vieille), my old pal.

brutal (*m.*), treacherous wine.

C

cabot (*m.*), corporal.

caboulot (*m.*), a country or second-rate inn.

cafard (*m.*), the blues—low spirits.

cafard (avoir le), to be down-hearted.
cafarde (f.), the moon.
cagibi (f.) ⎰ a shelter in the
cagna (f.) ⎱ trenches.
cahoua (m.), coffee.
camouflage (m.), disguise.
canard (m.), a false rumour.
cantoche (f.), canteen.
carcan (m.), an old horse.
carotte (f.), a trick to get money.
caser (se), to find a job.
chien (être), to be near with one's money.
chiner, to rag.
civlot (m.), a civilian.
en civlot, in mufti.
copain (m.), a pal.
cratère (m.), a shell-hole.
crénom! my word!
crétin (m.), a worthless fellow.
cuistance (f.), food.
cuistot (m.), the cook.
culot (m.), cheek!
—— (avoir du), to be cheeky —to have nerves!
cure-dents (m.), bayonet.

D

dadais (m.), a simpleton.
débrouillard (il est), he is a smart fellow.
déguerpir, to get away.
déveine (f.), bad luck.
doublard (m.), a re-enlisted soldier.

E

écoper, to catch it (to have a bad time of it).
écraser (en), to take it easy— (to fall asleep over one's work).
électrique (m.), strong wine.

embêter, to annoy—to worry.
embusqué (m.), a shirker.
entonnoir, a shell hole (funnel-shaped).
éreinter, to break something or somebody down.
estamper, to cheat (not at cards).

F

faflots (m.), money—bank-notes.
fagoté, dressed anyhow.
falzar (m.), a pair of trousers.
fichu! (il est), he is done for!
fiflot (m.), a private soldier.
fignolé, well-groomed.
flancher, to be afraid.
flingue (m.), ⎰
flinguot (m.), ⎱ the rifle.
fourbi (m.), a soldier's implements (sometimes the work to be done).
fourchette (f.), bayonet.
fous (je m'en fous), ⎰ I don't
or (je m'en fiche), ⎱ care.
frangin (m.), a brother.
fricot (m.), food.
Fritz, German soldier.
frusques (m.), clothes.
fusains (m.), legs.
fusée (f.), rocket—lighting shell.

G

gaffe (f.), a blunder.
les gars (pronounced gâ), the boys.
gazer, to smoke.
gigolo (m.), a swaggering man.
gniole (f.), brandy.
godasses (f.), boots.
gosse (m.), urchin.
gourbi (m.), a shelter.
gourde (f.), a fool.

grisette (*f.*), light-hearted young girl.
gros-noir (*m.*), a huge shell.
grouiller (se), to hurry up.

H

hosteau (à l'), at the hospital.
huiles (les), the staff officers.
Huns (*m.*), the Germans.

J

Joséphine, bayonet.
jus (*m.*), coffee.
juteux (*m.*), adjutant.

K

kif-kif (c'est), that's just the same.

L

lanterner, to waste one's time —to take too long over a job.
légumes (*m.*), high officials.
lingue (*m.*), a knife.
lourde (*f.*), a door.
loustic (*m.*), a wag.

M

machine à découdre (*f.*), machine-gun.
mal-blanchi (*m.*), a coloured soldier.
mar (j'en ai), I have had enough (I'm fed up).
marmite, a huge shell (a Jack Johnson).
marteau (il est), he is not all there.
mazette! oh dear!
mercanti (*m.*), a war profiteer.
midinette (*f.*), a shop assistant, to be seen in their thousands in the rue de la Paix, at midday (hence *midinettes*).

moricaud (*m.*), a black man.
moulin à café (*m.*), a machine gun.
musette, provision-bag carried by every soldier, also the student's companion in allusion to the romantic days sung of by H. Murger in "La Vie de Bohème," when every student had his "Musette."

N

na poo (il n'y en a plus) it's all over.
nippe (il se), he is smartly dressed.
nipper (se), to put on one's clothes.
nippes (*f.*), clothes.
noce (il fait la), he spends much money, leading a disreputable life.
noceur (*m.*), a libertine.

O

officemar (*m.*), an officer.

P

pageot (*m.*), bed.
se pagnoter, to go to bed.
Paname, Paris.
paquebot (*m.*), ambulance carriage.
patelin (*m.*), home.
patron (*m.*), captain.
pépère (*m.*), a territorial soldier.
pépère (il est), he is comfortable, well off.
perlot (*m.*), tobacco.
perme (*f.*), leave, furlough.
perpète (à), for ever.
pétard (*m.*), a hand-grenade.
pieu (*m.*), a bed.

pillonner, to smash up a certain ground by a repeated bombardment.

pinard (*m.*), wine.

pioupiou (*m.*), private (infantryman).

plombe (*f.*), an hour.

pognon (*m.*), money.

poilu (*m.*), the French Tommy. The word *poilu* was used before the war when speaking of an unshaven man or of a strong, hearty fellow. Since the war it means much more, and it stands now for the tenacity, bravery, self-denial, and in all circumstances the unconquerable spirit of the French soldier.

poiroter, to be kept waiting.

pôte, pôteau (*m.*), a pal—a staunch friend.

R

rabiot (*m.*), an extra (work or food).

ragot (*m.*), gossip.

ramasse-miettes, stretcher-bearers.

rapiat (*m.*), ungenerous.

raser, to bore.

refroidir, to kill.

reluquer, to examine—to stare.

rempiler, to re-enlist.

représailles, reprisals.

rigolo, amusing.

risette (faire), to smile.

Rosalie, bayonet (term of affection).

rosse, unpopular.

rouler, to deceive.

rouspéter, to answer back—grumble.

rupin, smart.

S

sac de couchage (*m.*), sleeping bag.

sans-culottes, soldiers of the Revolution. Thus called because as a protest against all aristocratic customs they started wearing long trousers instead of the knee-breeches (*culottes*) still worn by the upper classes.

saucisse (*f.*), captive balloon (sausage-shaped).

schrapnel (*m.*), explosive shell.

strafer, to punish (from the German *strafen*).

T

tabou, forbidden (expression which has come from Polynesia where it expresses a religious interdiction to touch certain things).

tanguer, to dance the tango.

taupes (*f.*), German soldiers working underground like moles (*taupes*) to place their mines.

tire-au-flanc (*m.*), a shirker.

tire-boche (*m.*), bayonet.

tourne-boche (*m.*), bayonet.

V

veine (*f.*), good luck.

voyou (*m.*), an unprincipled, disreputable fellow.

Z

zieuter, to observe, to stare at somebody.

zigomar (*m.*), a cavalry sabre.

zouzou (*m.*), an African soldier (Zouave).

For EU product safety concerns, contact us at Calle de José Abascal, 56–1°, 28003 Madrid, Spain or eugpsr@cambridge.org.